T0107996

les logiciels de l'âme

© encre marine 2005
Fougères 42220 La Versanne
ISBN : 2-909422-86-0

jean-marie delassus

# les logiciels
# de l'âme

encre marine

*L'essence est un rapport libre. Il n'est pas question de commencement mais d'origine. L'origine n'est jamais au passé.*

H. Maldiney

Des milliers de milliards d'hommes, au cours des millénaires, ont cru avoir une âme. Des milliers de milliards d'hommes ne se trompent pas ; ou bien, ce qu'ils disent tend à signifier quelque chose qu'ils n'arrivent pas à identifier plus clairement mais qui leur a longtemps suffi pour croire comprendre la nature de leur vie.

Quelques milliards d'hommes, aujourd'hui, rejettent l'idée de l'âme. Ils ont élaboré les moyens de ne croire qu'aux choses et de se faire choses eux-mêmes. La vie devient le profit qu'ils en tirent.

Alors l'âme, que l'on avait sentie au point de n'en pouvoir douter, cette âme tombe et n'est plus rien. Était-ce l'illusion d'une humanité dans l'enfance ?

On attend beaucoup des recherches génétiques et des programmations qu'elles peuvent mettre à jour. Mais il est aussi question de l'homme neuronal et des possibilités qu'il a en propre.

C'est dans cette voie qu'il faut poursuivre, en changeant cependant de méthode.

Il ne s'agit pas ici d'explorer la matière, mais l'être qui en a la capacité d'analyse. L'esprit ne fait pas à lui seul la différence. Des structures, que l'on peut assimiler à des formations logicielles, semblent avoir été acquises. Hors de toute considération idéaliste ou réductrice, leur étude réintroduit avec rigueur la question réelle de l'âme.

# I

## Le mal de tête

*La* TRADITION a longtemps attesté que l'existence de l'homme était douloureuse.

Les mythes ont en rendu compte, offrant des interprétations selon lesquelles une sorte de chute ou de séparation originelle aurait privé l'homme de sa totalité. Aujourd'hui, d'autres croyances et les certitudes issues de nos progrès font envisager les mythes à la manière dont jadis on considérait les sauvages.

De toute façon, l'homme veut une version positive de son existence. Il supporte mal que l'on remette en question l'espoir qu'il entretient d'un avenir qui sera son accomplissement. Mais cela revient à tourner le dos à la question de l'origine, laquelle n'est pas un mythe, mais une réalité dont il faudra bien finir par tenir compte.

Cette origine explique le fait de la totalité, qui est notre caractère humain spécifique. Cependant on en doute, alors que le quotidien la démontre ; on en souffre, alors qu'elle fait vivre ; surtout on veut l'ignorer et on la combat, préférant trouver les moyens de se reconstruire de toutes pièces. Ainsi, nous vivons en dépit de notre exacte origine, ayant mal à la tête, mais sans savoir pourquoi.

## *1. Totalité et quotidien*

LA TOTALITÉ est un grand mot avec de grandes significations. Dieu, l'absolu, la vie, par exemple. Mais la totalité est un mot en désaffection, voire désaffecté. Ce terme désigne maintenant une utopie, si ce n'est une déviation idéologique. Ce qui est dommage ; en tout cas c'est une erreur. Car la totalité est ce qu'il y a de plus quotidien, tous les jours et pour tout le monde. Il n'y a pas d'homme qui ne soit requis à tout instant par la question de la totalité.

Certes, la totalité est surtout éprouvée indirectement, par son absence et à travers les sentiments et les humeurs que son manque provoque. Si nous sommes constamment préoccupés – indépendamment de ce que nous faisons et quelle que soit la tâche qui nous absorbe – ce n'est jamais que pour maintenir ou rétablir une totalité nécessaire et vaincre ce qui s'y oppose ou écarter ce qui nous en prive. On pourrait dire à la limite que l'homme est *un être contrarié* et qu'il réagit sans trêve pour que la contrariété cesse.

Même si quelque moment heureux survient, il est difficile de s'y arrêter et la contrariété ne se dissipe que momentanément : tout de suite, l'envie et le besoin reviennent. L'homme est taraudé par l'exigence d'être un être qu'il n'arrive pas à être. Mais il ignore qu'à travers ce qu'il veut être, c'est toujours de totalité qu'il s'agit. Il ne se fie qu'à ce qu'il ressent et aux objectifs apparents qu'il se fixe ; mais il n'empêche que, sans en avoir conscience, c'est bien autre chose qu'il attend. La totalité est chez l'homme *le besoin fondamental*, la source et la raison de tous les autres.

L'homme ne le sait pas parce qu'il ne peut pas se représenter concrètement un tel besoin ; c'est bien faussement, presque par repli sur une notion commode, qu'il l'a appelé le bonheur. En tout cas, s'il en vient à penser la totalité, il la voit au-dehors de lui, il s'imagine qu'elle est ailleurs, en Dieu, dans la nature, dans le progrès. Comme il est difficile de croire à ce qui n'arrive jamais, comme la totalité semble toujours échapper, elle devient une idée insupportable. Alors, l'homme finit par rapatrier la totalité sur lui-même et il se définit comme son destinataire ; cela a un nom : c'est le *moi*.

Ce moi est une gerbe de désirs, toujours renouvelés, parce que toujours insatisfaits, mais qui présentent l'avantage – même en dispersant aux quatre coins de soi – de faire que nous sommes occupés à notre propre totalité. Autant, en effet, se consumer dans les désirs ; ils apportent au moins le sentiment de l'engagement dans la totalité. Ainsi, elle est sensible dans le moi, qui en est la forme majeure de substitution. Le moi désirant remplace la totalité qui laisse à désirer. *Exit*, ce fantôme insolent d'une totalité qui n'est pas moi.

Cessons pourtant de dire que la totalité n'existe pas, qu'elle n'est qu'un leurre ou une chimère idéologique. Elle est réelle, ne serait-ce que parce qu'elle est l'objet du moi. C'est la préoccupation humaine, la plus humaine, quelles que soient les formes qu'elle emprunte. L'homme n'agit que dans ce sens, même en s'égarant et sans pouvoir y échapper. Telle est la question de la totalité qui nécessite de savoir d'où provient cet insupportable besoin.

## 2. *La tête de l'homme*

La vie de l'homme se passe dans sa tête. Pas celle des animaux. Les animaux se préoccupent de leur corps. Chez eux, la question est que le corps vive, ayant les moyens de sa subsistance. L'animal est aux aguets, pour se protéger ou se défendre, pour se nourrir ; périodiquement s'y ajoute le besoin de se reproduire et, pour certains, celui de nourrir sa progéniture et de veiller sur elle. Toujours, il n'est question que de corps. Autrement, en dehors de ces tâches ou occupations animales, il n'y a que le repos entremêlé d'errance ou de transhumance d'ailleurs liés aux besoins qui viennent d'être évoqués. Mais les animaux connaissent longuement le repos. Certaines espèces en jouissent des mois durant, s'isolant, s'endormant, se plongeant dans une léthargie dont ils se réveillent comme par enchantement, à un moment donné, à une saison précise. En tout cas, l'animal ne s'ennuie pas. Ce qui est une constatation très importante car cela veut dire qu'il lui suffit d'être porté par son organisation corporelle et biologique. Tout se passe dans le corps, en fonction du corps ; la tête n'est qu'au service du corps, une sorte de centrale gérant un organisme. Et si l'animal peut avoir des émotions et des attachements, il n'y est encore question que de son corps, du voisinage des corps, de leurs ressemblances ou dépendances. Mais cela ne va jamais au-delà et ne conduit jamais à l'ennui. Du moins, rien ne le démontre.

Chez l'homme, la vie se passe dans la tête ; plus encore elle est un problème de la tête. Il faut non seulement s'adapter à l'existence dans le monde, ayant à ce niveau des besoins et des tâches animales, mais il faut surtout régler constamment l'équilibre interne : un univers de sensations, d'émotions, d'idées, d'inquiétudes, de peurs ou de terreurs qui ne cessent de tournoyer. L'homme est traversé d'orages en permanence, ou de séismes qui l'ébranlent au plus profond, venant d'on ne sait où mais qui le menacent intérieurement, lui font éprouver l'horreur et l'angoisse, entre quelques moments de répit souvent de courte durée.

Pour y échapper, l'homme se rattache à son corps : il investit ses envies, qui s'appellent alors libidinales, et il développe par ce biais une dépendance à la jouissance. Non qu'il jouisse seulement au niveau du corps, mais il y a une jouissance surajoutée qui est de ne plus sentir sa tête. L'homme rentre sa tête dans le fonctionnement du corps, moyennant quoi il échappe un moment à la crainte, à l'inquiétude, au sentiment de désarroi ou de panique et il se calme en n'étant plus qu'un corps.

Mais cela ne change rien au fait que l'homme souffre constamment de la tête. Elle s'impose à lui par une sorte de pression constante d'y rétablir un ordre, une tranquillité, un équilibre. Lesquels ne sont jamais que transitoires, se limitant à des éclaircies dans un ciel intérieur à nouveau et toujours rempli de nuages. La tranquillité durable est impossible. Si elle s'installe tant soit peu, l'homme la rompt de lui-même. Il ne sait pas s'y tenir. Non seulement il est toujours préoccupé, mais s'il ne l'est plus, une nouvelle préoccupation, spécifique, se développe et envahit tout : c'est l'ennui.

En somme, l'équilibre dans cette tête n'existe pas, pas plus que n'existe ce qu'il lui faudrait pour le réaliser. Au présent, au moment actuel, il n'y a pas d'apaisement sans que la tête ne verse tout de suite dans le passé ou le futur et se crée de nouveaux soucis ou de nouvelles espérances, en tout cas des inquiétudes sournoises qui aboutissent, sauf abrutissement provoqué, au fait que l'homme ne connaît pas le repos.

À quoi il faut ajouter que c'est de l'homme aussi, des autres hommes, que vient le souci qui empêche le repos. Non seulement chacun s'y soustrait de lui-même, mais tous, sous prétexte d'organisation sociale, se sont ingéniés à le chasser, à se l'interdire réciproquement. L'enfer, déjà en soi, vient tout autant des autres, comme cela en son temps a été vivement énoncé. L'enfer est renforcé par l'ingérence permanente d'autrui sur chacun, avec cette opportunité que donnent les lois et les principes d'un ordre établi dont la raison réelle est de faire être en apparence ce qui n'existe nulle part. Plus qu'on ne le pense, l'homme s'est raté et il ne peut pas compter sur les autres.

Quand bien même survient cette chose fabuleuse qu'est l'amour, tout demeure encore incertain. Pourtant l'amour est la possibilité d'un rapport avec l'autre qui abolit la souffrance de chacun, réunit dans la même joie ou la même extase ; *extase* voulant dire que l'on est délivré de la souffrance de la tête et que tout est vu autrement, renouvelé et comme retrouvé : c'est comme une renaissance du regard. Mais cette fête d'amour a ses limites. Un coup de tête, cette tête qui souffre d'un mal essentiel, fait revenir les tourments et les soupçons, ramène au monde des hommes, où l'amour finit par s'engluer. Les amants voudraient être ensemble, réunir les deux têtes pour n'en faire qu'une seule, délivrée de ce qui empoisonne chacune ; mais c'est un pari impossible. Cette *tête unifiée* est imaginaire. Il faut toujours lutter contre l'envahissement qui contrarie la réunification espérée. Il y a bien cet état particulier que suscite le fait d'avoir des enfants, des enfants à soi qui offrent aussi l'image et la sensation d'une totalité prolongée de soi. C'est une grande aventure de la tête que la maternité et la paternité. Mais arrivera le moment où ces nouvelles têtes vont à leur tour se trouver prises dans l'aventure de l'homme.

De toute façon, on finit tôt ou tard par perdre la tête et tomber en déraison ; c'est le dernier stratagème pour sortir de l'enfer. Car la raison, celle qui raisonne, n'est pas le propre de l'homme. Elle n'est que la modalité sédimentée des moyens par lesquels il a cru pouvoir échapper à la souffrance. Aucun équilibre de raison ne tient longtemps. La raison, au moins cette raison-là, est l'utopie de l'homme, elle n'est pas sa nature et elle finit par se défaire. Qu'on cherche le remède au ciel ou sur la terre ne change rien et n'apporte que des utopies impuissantes par rapport à la totalité qui manque.

L'homme souffre d'un besoin de totalité. Cela, qui ne touche pas l'animal, est le problème de l'homme. Mais quelle est la raison d'une nécessité aussi paradoxale ? Quelle réalité est cette totalité qui, tout en n'existant pas concrètement, demeure son besoin irrépressible ? Pourquoi s'épuiser à la chercher partout sans pouvoir identifier ce qu'elle est ? En tout cas, cet *entête-*

*ment* se retourne contre l'homme, le ronge et le détruit dans la mesure où il ne semble pas avoir les moyens d'assouvir son besoin fondamental. D'où vient donc cette impuissance de l'homme à guérir son mal de tête ?

La réponse est fournie par la nature de notre origine à la compréhension de laquelle le moi s'oppose par toute la force de ses investissements.


### 3. *La totalité du moi*


Les plus sincères sont les plus douloureux. Ils savent que le moi n'est pas leur lumière et qu'ils ne peuvent se fier à ses directives pas plus qu'à ses toccades. Mais de quel côté se tourner ? Suffirait-il même de savoir pour enfin pouvoir être selon ce que demande la tête, et du coup tout le corps avec elle ? Y a-t-il seulement quelque chose à savoir ? On ne veut plus y croire. On fonctionne à l'instantané et dans une sorte de réajustement permanent. Comme un qui ne saurait pas où il va, mais qui avance au jugé, s'en tient à l'approximatif, s'abandonne aux réactions immédiates qui réajustent, point par point, ce qui ne va pas.

Ainsi, on se fait une règle de ne pas savoir ; ne serait-ce que pour garder la latitude de pouvoir réagir. *Réagir remplace vivre.* On vit de réagir à partir de ce que l'on sent, d'avoir ce que l'on appelle la liberté, laquelle est devenue la prétention de faire en fonction de ce que l'on éprouve sur le moment. C'est *l'homme réflexe*, mais dans un cadre de soumissions qu'il s'est imposé et qui entrave même le comportement réflexe. Pourtant, on garde quelque chose d'une pratique de la totalité en brandissant la revendication d'agir toujours à sa guise. Il en résulte que *l'établissement de la vérité a été subordonné à la nécessité de la liberté.* Avec ce dérapage, tout se complique et l'on n'obtient que des avantages relatifs et médiocres. En fait, la liberté se nourrit de sa seule idée ; elle éblouit par ce qu'elle promet et elle aveugle en relativisant la réalité des échecs.

Pour sortir de cette impasse, il faudrait nous mieux connaître et savoir enfin ce qui se passe réellement dans la tête. Non pas les réactions que l'on constate et les sentiments que l'on éprouve, non pas même le système des pulsions inconscientes, fussent-elles sexuelles, mais la raison de notre *besoin fondamental*. Peut-on oser cette démarche ? Ce serait prendre le risque de ne plus avoir d'échappatoire, de perdre cette indispensable autonomie, si précieuse en dépit du mal de tête. On fait donc comme s'il n'y avait pas d'autre vérité que les connaissances éprouvées qui ne risquent pas de déranger la liberté.

La question est là. D'une part, on répugne à la réalité d'une totalité qui pourtant se manifeste dans tous nos comportements et on ne voit pas que l'on ne vit que pour cela ; d'autre part, on revendique de savoir autre chose et autrement, c'est-à-dire tout ce qui donne les moyens de pouvoir. On veut ce pouvoir d'être et son accroissement à la seule fin de continuer à être, mais sans accorder suffisamment d'attention au fait que l'homme souffre d'un mal de tête.

C'est autrement qu'il faut procéder. Le mal de tête, quoi qu'on fasse et quelles que soient les rémissions qu'il peut connaître, indique que quelque chose en nous attend une autre solution que les réactions immédiates de réajustement, même quand elles opèrent selon l'ordre institué et reconnu. Il faut donc envisager ce qui est obstinément ignoré chez l'homme et sur quoi il fait l'impasse. Maintenant que l'on a cessé d'imaginer l'existence d'entités divines ou naturelles, pourquoi ne pas mettre à profit l'opportunité d'avoir traversé ces utopies de substitution ? Néanmoins, cela suppose de ne pas se draper dans l'évidence inhérente à l'exercice des *puissances du moi*.

Longtemps, on s'en est sorti avec l'émotion ; elle est là, ici ou ailleurs, mais possible, colorant la vie, la fécondant de ses larmes ou de ses joies, la striant de ses cris de désespoir, mais illuminante aussi. L'émotion représente une forme de la conscience de soi. D'un coup, lorsqu'elle survient, le moi est balayé, submergé par la vague qui prend de l'ampleur, remonte du fond de soi, déborde et ramène la vie à la surface : un inconnu de la vie dont on se plaint s'il fait souffrir, mais dont on profite aussi comme d'un renouvellement de soi, une sorte de rafraîchissement par l'émotion.

Maintenant cela est banni. Il faut et il suffit que le moi puisse être et, du coup, il ne faut plus d'émotions : elles gêneraient le moi. L'émotion est cantonnée à l'expression utile et utilisée. Elle racole désormais. Elle doit rester sur scène, être mise en scène et rapporter des bénéfices à la société établie sur l'éminence du moi. Pour le reste, il faut la taire, la maîtriser et tout juste y recourir selon les besoins des causes orchestrées. Théâtrale, l'émotion ainsi encadrée sert l'existence absolue du moi. Elle ne la menace plus, elle ne doit surtout pas la menacer : visages de convention et fermes, visages renfermés et vides, tout le monde est prié de se plier à la règle de n'afficher que la façade du moi.

Dès lors, l'accès au soi – et même à soi s'il est resté suffisamment libre du moi – se trouve barré et impensable. L'intuition vitale qu'apportait l'émotion est devenue impossible : ce chemin qui reconduisait à l'intérieur est condamné et il n'est plus toléré d'avoir en soi quelque source d'obscure connaissance. Tout, dans l'ordre du moi, s'oppose à l'approche de cette chose inconnue qui pouvait être pressentie au fond de soi.

L'éloignement de soi est devenu la condition de l'existence. Cela revient à dire : « Ne vous mêlez pas de mes affaires, laissez moi être ma force de vie, celle que je sens, qui m'anime et dont je veux me débrouiller. Je sais qui je suis, c'est un sentiment constant (sauf à être dépressif, terme qui désigne le fait de ne plus se sentir) qui m'assure de moi et me donne cette garantie que je vis et selon laquelle j'entends vivre. »

Voilà le socle. Le moi désigne à chacun le sentiment qu'il a de soi, mais en évitant toute réflexion sur autre chose que l'éprouvé que l'on en a. Le moi est le Cerbère posté à l'entrée de la

tête ; il s'interpose et éloigne les questionne-
ments ; il suffit à se sentir exister et, comme on
l'a dit, il est le substitut personnel de la totalité.
Aussi, ne désespère-t-on pas tant que le moi peut
demeurer l'argument de soi. Il arme la volonté et
dicte les voies de recherche et de progrès sans
qu'on puisse s'apercevoir qu'il n'est qu'un éprouvé
magique manquant de cette réalité à laquelle il
prétend.

Non seulement on ne sait pas, mais il est devenu important de ne pas savoir. Le moi comme
image et comme mirage suffit à l'existence. La
vérité vient exclusivement de lui. S'il s'avère trop
faible ou incertain, on le mènera se faire analyser
pour le réapproprier. Ainsi nous vivons, sous l'em-
pire et dans l'excellence théorique du moi.

À ce compte, nous ne sommes plus que l'ensemble de nos réactions dictées par l'institution
du détournement de la totalité. Le moi fait cause
commune avec le monde et le sujet n'a plus sa
cause réelle en soi. Cet égarement voile en tout
cas la question de notre origine.

## 4. TOTALITÉ ET ORIGINE

L'ORIGINE dont il s'agit n'est pas un fait passé ; mais nous ne le savons pas, ayant les yeux tournés de l'autre côté, du côté de l'avenir du moi et selon les moyens offerts par le monde que nous nous sommes appropriés.

Étant donné cet acquis, revenir en arrière paraît inutile et considérer la vie prénatale semble parfaitement incongru, si ce n'est inconvenant. On limite la question au modèle selon lequel il faut qu'une machine, ici un corps, soient construits avant d'être mis en service. À cet égard, le fœtus ne saurait être qu'une forme préalable nécessaire au développement qui précède toute naissance. Même si on tend à lui accorder quelque sensibilité pouvant le mettre éventuellement en relation avec son entourage, il n'y aurait rien d'autre à considérer et en particulier aucun éclaircissement à en attendre sur notre origine. C'est confondre entourage et environnement. Celui-ci a eu en effet une action déterminante : la tête humaine a été refaite pendant la vie prénatale. Ce n'est plus une organisation animale conforme au plan génétique préalable, c'est une tête *recomposée*.

La chose n'est pourtant pas difficile à comprendre ; il suffit de mettre en perspective et de coordonner trois ordres de données dont la combinaison aboutit au phénomène humain. Mais cela s'opère dès avant la venue au monde.

## LES ÉLÉMENTS DE L'ORIGINE

Il faut en effet décomposer l'origine, partir de ce qui se produit en général chez les mammifères et voir comment, par ajouts successifs, on en arrive à ce qui nous constitue.

LA VIE AU SEIN DE LA VIE.

Le terme de mammifère trompe. Il retient la présence de mamelles, en somme les seins externes, et on oublie le plus important : le sein intérieur, c'est-à-dire l'utérus et la vie qu'il abrite. Les mammifères jouissent en principe pendant la vie intra-utérine d'une convergence permanente de toutes les conditions inhérentes à la vie et c'est en elle que leur fœtus se développe. Il bénéficie ainsi d'une homogénéité vitale totale : le milieu prénatal étant normalement sans failles, du moins au cours des gestations normales, ce qui est le cas le plus fréquent. Pour l'homme, il en va de même. Le fœtus humain se trouve dans un sein maternel équivalant au sein de la vie elle-même.

La précocité sensorielle du fœtus humain. Au cours du séjour utérin, des aptitudes se mettent en place et seront fonctionnelles avant la venue au monde. En ce qui concerne l'homme, les études ont montré une maturation particulièrement précoce qui se manifeste rapidement au niveau de la motricité. Quant aux capacités sensorielles, la plupart d'entre elles – le toucher, le goût, l'odorat, l'olfaction, les éprouvés de l'équilibration et les vécus cénesthésiques – sont effectives dès douze semaines après la formation de l'œuf ; l'audition et la vision le seront à vingt semaines. Il n'en va pas de même pour tous les mammifères, certains naissent par exemple en étant temporairement encore incapables de voir. On objectera que de toute façon il n'y a rien à voir *in utero*. Cette évidence n'est qu'apparente. En effet, les ressentis sensoriels, bien qu'émanant de sources différentes, présentent le même contenu d'homogénéité vitale. Leur confluence revient en somme à tenir le même langage, de sorte qu'une *vision intérieure* peut se développer en raison de l'afflux de ces données. Dès lors, même si le fœtus ne perçoit rien devant lui, il est – au-delà de tout visible et sans l'aide d'aucune forme caractérisée – dans la vision permanente de l'homogénéité de la vie, c'est-à-dire de sa totalité. C'est elle que l'on « voit » avant d'être au monde.

### LA MÉMOIRE FŒTALE HUMAINE.

Le troisième élément intervenant dans la formation de l'origine est essentiel et spécifique ; c'est lui qui fait tout basculer. En effet, plus d'un tiers du cortex humain est caractérisé par l'abondance de ce que l'on appelle les « aires associatives », prédominantes notamment au niveau des zones frontales. Or, ces neurones ne sont pas génétiquement programmés, ils ne seront associatifs que plus tard, après avoir enregistré des expériences relevant de l'incidence de l'environnement. Le tout est de savoir à partir de quand celles-ci peuvent débuter. Il est hors de question d'imaginer, comme on le fait couramment, que ces zones vierges restent inertes tant que la naissance n'a pas eu lieu. L'argument de l'insuffisance, voire de l'absence prénatale de gaine de myéline entourant les nerfs ne peut être invoqué, car cette substance lipidique ne fait que favoriser la vitesse de conduction. Les neurones à vocation associative sont donc aptes à se connecter dès qu'ils se développent et leur maturation précoce bien connue (dès le deuxième mois gestationnel) implique leur fonctionnement, même s'il est encore lent. Par conséquent, la lenteur ne changeant rien à l'affaire, le fœtus humain a la capacité, du fait de ses neurones libres, de *mémoriser la na-*

*ture de la vie fœtale* et l'état de totalité qui lui est inhérent.

## L'ÉPIGENÈSE PRÉNATALE

Le résultat de cette disposition, de cette ouverture corticale, est une différence essentielle par rapport à l'animal. L'homme vient au monde, non seulement porteur d'un programme génétique, mais en étant aussi conformé par le vécu utérin ressenti et enregistré. Ainsi, la totalité vitale originelle, insaisissable autrement, devient ici une structure neuronale qui redétermine l'être humain selon un processus qui est une *épigenèse prénatale*. Par conséquent, nous ne naissons plus en étant des vivants préparés au monde, mais fondamentalement comme des êtres désadaptés par rapport à sa réalité matérielle. Désormais, ce que celle-ci offre au corps et que le milieu écologique peut fournir à l'activité programmée, n'est plus en mesure de nous suffire. Dès le départ, nous avons « mal à la tête ».

D'autant qu'à cette nouvelle donne et à ce nouveau besoin – celui d'une permanence de la totalité qui nous a modifiés – ne correspondent aucune préparation ou disposition programmées. Nous venons au monde sans moyens propres à ce niveau et cela ne peut correspondre à une réelle naissance, laquelle reste à faire. Si nous appelons *structure neurontologique* la formation neuronale qui fait être l'homme selon un mode inédit de l'être, il faut souligner qu'elle n'apporte pas avec elle la capacité spécifique de continuer à vivre selon la totalité antérieure qui désormais nous caractérise. Cette structure est en souffrance dès l'accouchement et met la vie elle-même en péril si elle ne trouve pas de correspondance natale compatible avec le nouveau besoin qu'elle pro-duit. C'est à cela que la mère va s'accorder, offrant une réponse là où il n'y a pas de solution écologi-que. Au niveau du regard échangé et des soins donnés, un lien vital se crée qui relaie le lien om-bilical et permet que la totalité puisse être vécue malgré les effets de la coupure biologique. Ainsi, l'accouchement n'est pas la naissance et celle-ci doit se faire sur le plan psychique après qu'a eu lieu l'avènement physique.

La question de la *totalité* se pose là. Nous venons au monde avec la totalité dans la tête. La tête a été remodelée selon cette dimension qui nous fait être des êtres impossibles, sauf à pouvoir vivre cette totalité. Certes, c'est le cerveau qui est recomposé, mais aussi toute la tête, visage compris, car c'est à son niveau, par le rapport des regards et l'échange de parole, que les choses vont se jouer et que la totalité va pouvoir ou non se vivre et se vérifier. Nous avons donc un visage et non seulement une « gueule », c'est-à-dire que notre face est avide de relation et expressive avant même d'être en quête d'aliments. Mais l'avidité concerne la totalité qui, si elle est introuvable, sera à l'origine du « mal de tête ».

Le mal est donc bien dans la tête, ce dont le visage témoigne : seul le nouveau-né humain pleure et peut sourire. Ainsi, à la fois nous mourrons et nous naissons. Tout dépend de la rencontre avec la totalité qu'autrui peut offrir. En tout cas, le visage exprime et démontre *la prééminence du remodelé épigénétique cortical humain.* De ce fait, notre naissance humaine est infinie, comme elle est infinissable. Il en va de même pour la souffrance, si nous cherchons la totalité ailleurs qu'elle ne l'est, notamment en l'attribuant à la seule existence du moi.

❧

L'homme a mal à la tête. Il ne veut pas le savoir et s'entête à vivre par tous les moyens possibles. Il appelle d'ailleurs progrès, pour une bonne part, ce qui contribue à atténuer sa souffrance. Il investit tout ce qui est susceptible de l'occuper à autre chose, ce qui peut l'étourdir ou le soulager de son mal de tête. De lui-même, l'homme se modifie à son tour, ramenant son existence à une fonctionnalité compatible avec le monde des choses et ouverte aux horizons du pouvoir. Ainsi, il n'a plus à être ce qu'il est.

Ce devenir semble répondre à ce que nous imaginons être notre liberté et notre raison. Il aménage une autre épigenèse, postnatale, élaborée en réaction à la souffrance éprouvée, mais sans égard pour ce que nous sommes réellement. L'homme force la réalité pour se guérir de son mal de tête, quitte à décapiter son être réel. On tend alors à attribuer les inconvénients de la situation qui en résulte aux pressions d'un inconscient accusé d'entraver notre marche en avant. C'est encore se tromper : nous sommes obnubilés par ce que nous voulons être en dépit de la totalité qui nous structure.

Ce qui ne veut pas dire que la situation naturelle qui remodèle l'homme de manière prénatale lui rend la vie aisée. Mais pas davantage la raison et les progrès qu'il revendique ne sont nécessairement les adaptations judicieuses qui correspondraient à sa nature originelle. Il demeure néanmoins que la *totalité* nous définit et que la méprise à ce sujet comporte le risque d'une vie douloureuse. Alors, c'est la déception qui caractérise l'homme et c'est le mal qui le structure.

Par contre, la manière dont l'enfant est accueilli au monde, la totalité qu'en échange il reçoit, la maternité dont il bénéficie et la paternité qui l'abrite peuvent être les gages d'un départ susceptible de donner à chacun les ressources originaires qui le soutiennent pour remédier à « l'inconvénient d'être né ».

# II

# Sauver sa tête

*IL FAUT MAINTENANT* changer de langage, reprendre d'une autre manière ce qui a été dit et l'exprimer suivant un modèle qui rende la compréhension plus aisée.

La totalité, telle que nous en avons parlé, reste un terme vague. Même débarrassée de ses connotations métaphysiques ou idéalistes, sa réalité humaine n'apparaît pas suffisamment. Il est nécessaire qu'elle nous soit concrète, évidente et que l'on puisse, à partir d'elle, avoir une vue d'ensemble de notre existence.

Les choses seront plus simples si l'on change de registre, si l'on se réfère à des modalités plus connues de l'expérience, celles dont nous avons la pratique immédiate. Autrement, nous n'aurons fait que donner une nouvelle version du mythe de l'origine et contribuer une fois de plus à ce qu'on ne puisse pas tenir compte du caractère humain le plus spécifique.

Il en va pour l'homme, et plus que jamais, de pouvoir sauver sa tête, mais en analysant les formations successives qui la remodèlent pour assurer le lien natal avec le monde.

## 1. *La naissance et le binaire*

Revenons à l'expérience humaine de la venue au monde. Certes, au sens où nous l'avons dit, la naissance n'est pas faite, elle ne peut seulement que débuter à partir de ce moment-là. Pour comprendre le passage de l'accouchement à la naissance, peut-on distinguer une expérience première et décisive ?

On sera bien embarrassé de répondre à cette question si l'on s'attend à trouver quelque chose de particulier et de suffisamment notable qui puisse constituer ce phénomène. Mais la ques-

tion n'est pas la même si on cherche à détermi-
ner ce qui peut être une expérience au sens large
du terme, susceptible d'avoir une signification et
une portée générales.

La venue au monde est généralement considérée sous l'angle de souffrances liées à l'accouchement. On évoque la traversée des voies maternelles
étroites, passage souvent difficile si ce n'est pé-
rilleux ; on pense aussi à l'afflux brutal et violent
de situations stressantes auxquelles le nouveau-né
est loin d'être habitué, notamment les stimulations
lumineuses et auditives subies en salle d'accouchement ; on souligne l'apparition de sensations
nouvelles, telles que la faim ou le froid. Ces quelques exemples démontrent que les premières expériences du bébé arrivant au monde sont de
l'ordre de la douleur. Cependant, elles sont sans
commune mesure avec le traumatisme général qui
regroupe toutes les souffrances partielles et qui est
le *traumatisme de la naissance* lui-même, c'est-à-
dire la perte du milieu utérin.

Observons toutefois que jusqu'ici ces conditions s'appliquent aussi au jeune mammifère qui a les mêmes raisons de souffrir. Pourtant aucun ne crie comme le fait un nouveau-né humain. Dans un registre symétrique, aucun n'ouvre les yeux comme le bébé, avec une intensité aussi bouleversante. Un tel regard donne l'impression que l'enfant vient d'un autre monde, qu'il l'apporte avec lui et surtout qu'il s'attend à en trouver la continuité natale. De même, très tôt l'enfant peut sourire, et ce n'est pas une bonne démarche scientifique que de se débarrasser de cette constatation et des questions qu'elle pose en déclarant qu'il s'agit d'un « sourire aux anges ».

Malgré leur fondement réel, ces considérations ne répondent pas totalement à notre propos qui porte sur la première expérience natale du bébé humain. On ne peut pas la limiter au changement de milieu : ce n'est que le début, le moment inaugural de la torture qui va suivre. Car la totalité, qui demeure toujours comme structure interne, a désormais deux modalités successives et inverses l'une de l'autre : ou bien la totalité est effective, ou bien elle manque. Cette position instable est un supplice. Tout le reste passe à l'arrière-plan et doit être rattaché à ce contexte insupportable. Que le bébé ait froid, qu'il ait faim ou qu'il souffre, ces états ne peuvent être considérés isolément mais convergent vers le delta de la nouvelle situation constituée par l'alternance cruelle de la totalité.

Mais, considérant les choses sous un autre angle, nous pouvons dire que l'opération natale commence par une opération logique. En effet, puisqu'un fragment, une esquisse de la totalité ne sont jamais la totalité elle-même, puisqu'il n'y a aucune autre alternative possible, la totalité est totalement ou n'est pas du tout. Dès lors, l'expérience natale contraint d'emblée à la question du tout ou du rien, de la présence ou de l'absence, de l'un opposé au zéro ; c'est-à-dire que *la venue au monde introduit dans l'univers binaire*. En naissant, nous tombons moins immédiatement dans le monde lui-même que plutôt dans le désarroi lié à ce double univers imprévu qui à la fois ne cesse de nous retirer de notre existence prénatale et de nous y renvoyer.

Comprenons bien : l'animal entre aussi dans le binaire, mais cette situation n'affecte pas son être, seulement la nature des perceptions ou l'assouvissement des besoins organiques. Quoi qu'il arrive, l'animal demeure ce qu'il est. Pour les hommes, il en va différemment : tout retentit et affecte la question de leur être lié désormais à la possibilité de la totalité. Nous sommes même davantage la totalité que nous-mêmes, en tout cas nous ne sommes pas autrement que ce que la totalité, dans ses alternances, nous fait être ou ne pas être. Aussi notre destin est plus que singulier : dès que nous naissons, nous passons constamment de la vie à la mort, et inversement. C'est à en perdre la tête. C'est, dès le début, un épuisement qui, n'était la pause qu'apporte le sommeil, serait effectivement mortel. En tout cas, la situation binaire est l'épreuve qui attend le nouveauné et qui peut l'atteindre au plus profond ; en effet, si la totalité alterne, c'est au fond qu'elle n'est pas. Elle est détruite par son alternance même. On voit qu'il faut tout de suite un remède à cette défaillance ; ce sera la continuité de la présence maternelle.

En salle d'accouchement, on ne considère pas ces données, on ne voit pas cela. On est tout occupé de la naissance physique et l'on ignore vigoureusement que ce bébé, ici depuis seulement quelques instants, est déjà dans les griffes du binaire porteur de mort. L'acquis prénatal, la structure neurontologique frappée au sceau de la totalité, sont comme jetés dans l'eau bouillante. L'introduction dans le monde nous cuit et nous recuit, nous installe sans doute dans la différence mais, surtout, dans l'alternative. « *Ou bien... ou bien...* », selon le mot de Kierkegaard, définissant au mieux notre position existentielle. En d'autres termes : le tout ou rien. Il n'y a pas de milieu. L'animal mange suffisamment ou pas assez ; en ce qui nous concerne, nous mangeons ou pas du tout, nous respirons ou pas du tout. Ce n'est pas affaire de quantité mais de la présence d'une qualité : la totalité. Suivant que la totalité est vécue ou non, nous sommes ou ne sommes pas. Sartre souligne que le néant n'existe pas, il est *été* et il l'est par nous. Nous sommes les seuls à faire être le néant, et dès le moment de naître.

C'est dire que le processus de naissance engagé nous transforme immédiatement et, si on le laisse agir seul, radicalement. Ce sera la mort à moins qu'une nouvelle épigenèse ne soit engagée, qui modifierait les données initiales de la structure neurontologique, l'adaptant aux alternances vitales qui viennent du monde. Sinon, si cette évolution ne se fait pas, à l'intérieur nous nous effondrons. Laissé tel quel, le bébé va mourir. La structure binaire va écraser le logiciel de totalité prénatale, réduire à rien son organisation, la faire voler en éclats. L'être prénatal peut alors céder sous les coups de boutoir de la différence et l'enfant en venir à décéder.

Il faut donc rapidement une refonte du logiciel prénatal pour que nous devenions capable, au-delà de la différence subie, de *faire la différence*.

À nous, à chacun de reprendre le binaire à son compte, d'en apprendre la maîtrise. Mais, où placer cette différence ? Entre le monde et nous, ou bien dans la diversité des situations trouvées dans le monde ? Dans le premier cas, la naissance paraît impossible : comment adhérer à ce qui se révèle différent de la totalité qui désormais nous structure en tant qu'être ? Dans le deuxième cas, on peut imaginer investir la logique binaire comme le moyen de se repérer, de ne pas tout rejeter, d'accepter que certaines choses soient bonnes. Remarquons au passage que c'est une logique immédiate du bien et du mal. Le bien renvoie à la totalité et le mal à ce qui ne l'est pas ou l'empêche. En fait, le binaire commence par être moral avant d'être logique ou, autre manière de formuler les choses, la logique proviendrait d'une position morale avant d'être une disposition qui introduit au principe de raison. Il ne resterait plus qu'à acquérir le sens de l'enchaînement des choses, c'est-à-dire celui de la causalité. En tout cas, cela revient à transposer la totalité dans la matérialité. « Il existe, dit Heidegger, un jeu mystérieux de correspondances entre l'appel à fournir la raison et le retrait du sol natal ». En somme, l'investissement cognitif pourrait devenir le substitut de l'existence ontologique qui avait d'emblée structuré l'existence prénatale.

Telle quelle, cette opération est cependant une illusion. Elle suppose que l'on puisse renoncer à la totalité pour s'enfoncer dans le taillis des opportunités. En tout cas, pour le nouveau-né, ce serait intenable. Il n'est pas prêt spontanément à échanger ce qu'il est pour s'inclure dans ce que le monde paraît, d'autant qu'il peut se révéler à la fois comme la totalité et son contraire. Nous voilà revenus à l'existence d'une différence mortelle. C'est pourquoi le développement cognitif doit être subordonné à une opération mentale préalable permettant de conserver une assise de totalité sous-jacente et en fonction de quoi le regard sera capable de s'ouvrir sans trop de risque à la matière du monde. *Nous ne pouvons devenir des êtres de raison sans d'abord avoir gardé notre raison d'être*. La question est donc celle d'un nécessaire remaniement natal susceptible d'acclimater au monde la structure logicielle originelle en faisant que la totalité demeure l'horizon de l'être humain. On n'entre pas dans le binaire sans que cette possibilité de la totalité ait été préservée. Cette question devient celle de l'action maternelle.

## 2. LA REFONTE ORIGINAIRE DE LA TOTALITÉ

IL SERAIT ERRONÉ de penser que la maternité humaine, qui contribue à réaliser la naissance psychique, puisse se réduire au seul fait de procurer à l'enfant les éléments et les soins nécessaires à sa survie, même si cela est accompli avec amour et dans le cadre d'interactions adaptées. Ou alors, il faut préciser ce que cachent ces mots, ce qu'ils sous-entendent, ce que signifient les expressions de « bonne mère » ou de « mère suffisamment bonne ». Car même les soins maternels les plus appropriés, eu égard à ce qu'exige la satisfaction des besoins du nouveau-né, l'abandonneraient à l'intrusion et à l'impact insidieux et dévastateur de l'impermanence de son environnement. L'enfant aurait sans doute ce qui lui faut au niveau des nécessités corporelles et relationnelles de base, mais il lui manquerait ce qui est indispensable à la survie de l'être de totalité qui le constitue. Il serait d'emblée morcelé par l'antinomie binaire.

C'est là que doit intervenir l'action maternelle qui paraît naturelle au point qu'on l'a crue instinctive, alors qu'elle fait appel à la mise en œuvre de la propre situation ontologique de la mère en tant qu'elle peut correspondre avec celle du nouveau-né. Sans cela, et privée de ce que la mère peut faire spécifiquement, la naissance ne peut pas se produire. Il faut à l'enfant une personne apte à remodeler le logiciel originel pour lui donner en quelque sorte la version nouvelle qui permette d'être au monde en totalité et en fonction du maintien de la totalité.

La question essentielle n'est donc ni le portage ni le nourrissage ou toute autre action de ce genre, mais *la remodélisation du logiciel de base*, celui qui a été acquis pendant la vie prénatale. De toute façon, cette modification est inéluctable. Si ses conditions ne sont pas préparées dans le sens de la continuité de la totalité, ce sera la plongée dans l'expérience binaire qui fera le travail, c'est-à-dire qui détruira peu à peu la structure neurontologique de l'homme et le conduira, comme sous la torture, à l'anéantissement de son être. Tel est donc l'enjeu réel de l'action de la mère au-delà de la nature des soins qu'elle procure (ce que Freud appelle « l'action spécifique ») : ou bien elle livre l'enfant à l'invasion du monde à l'état brut, ou bien elle prépare une adaptation qui ménage la possibilité du monde sans réduire celle de la totalité. En fait, il faut arriver à une ouverture perceptive telle que l'œil et les organes des sens deviennent capables d'appréhender ce qui est, tout en le maintenant en concordance avec ce que la totalité doit être. Autrement, l'apparaître du monde se résumera à son intrusion.

## LE PREMIER SYSTÈME LOGICIEL

Parler de « système logiciel » à propos de la structure neurontologique peut passer pour un abus de langage. Mais c'est aussi poursuivre l'investigation de Freud menée dans son *Esquisse pour une psychologie scientifique*. Il y fait notamment l'hypothèse d'une catégorie de cellules nerveuses qu'il appelle les « neurones $\psi$ » et qui conservent l'information. Rappelons que la connaissance des neurones est alors toute récente : Waldeyer, après les travaux de Ramon Y Cajal, vient de créer le terme en 1891 et l'*Esquisse* est écrite quatre ans plus tard. Cette découverte des neurones est d'abord conceptualisée sur le modèle de la conduction électrique et si Freud réfléchit à l'écoulement de l'influx nerveux comme à ses barrières de contact, il n'empêche qu'il envisage dès ce moment que « toute théorie psychologique digne d'intérêt se doit de fournir une explication de la mémoire ». Aujourd'hui, une autre conceptualisation se dégage de la pratique de l'informatique. On y voit que le tout est plus que l'ensemble des parties et, surtout, que l'organisation des connexions produit des structures, semblables aux logiciels. Dès lors, un logicialisme tempéré permet de rendre compte en termes matériels de ce qui, tout en provenant de la matière, lui échappe.

Transposant ces données, considérons l'ensemble des neurones vierges qui, au sein du cortex humain, forment le substrat des futures aires associatives. Celles-ci, comme nous l'avons déjà évoqué, sont tout de suite immergées dans la totalité vitale qui conditionne généralement l'existence intra-utérine. Leurs neurones ne peuvent donc qu'être imprégnés de cette homogénéité qu'en quelque sorte ils mémorisent, quelle que soit la voie sensorielle empruntée. Si les modalités sont différentes, la qualité est identique ; il n'y a pas d'informations spécifiques liées aux diverses fonctions sensitives. Toutes reviennent nécessairement au même : elles véhiculent la *mêmeté* de la totalité. Au cœur de ces neurones, aucune différence ne circule ; au contraire, c'est la démultiplication du vécu généralisé d'homogénéité qui se propage. Le cortex libre devient la caisse de résonance d'un état global auquel participe d'ailleurs tout le corps. Ainsi la mémoire cellulaire diffuse converge elle aussi dans la mémoire neuronale centrale.

Ce système logiciel est donc moins ce qui se prête à des opérations binaires que ce qui réalise constamment la même action : il est unité et unifiant. L'être inhérent à la vie, évidemment indéfinissable et surtout insaisissable, se trouve ici dupliqué dans une texture neuronale centrale en même temps qu'il s'étend à l'ensemble de la cénesthésie corporelle. Il se transmet à l'être du fœtus et le redétermine en s'inscrivant dans les vastes territoires corticaux libres, disponibles pour en recevoir l'essence. Il y a *transposition* de la totalité vitale elle-même et celle-ci correspond en quelque sorte, pour reprendre un terme philosophique, à une mémorisation de l'Un. Le sens de la vie fœtale humaine apparaît donc comme le moment de la *transcription* de la totalité, ainsi entendue, et de l'acquisition de la structure d'homogénéité inhérente à l'être de la vie. *L'organique acquiert une forme ontologique propre* et l'être, au sens fort du terme, se retrouve sous la forme d'une organisation neuronale qui est au cœur de notre agencement cérébral et au centre de notre vécu corporel.

## LE DEUXIÈME SYSTÈME LOGICIEL

Il n'empêche que, lors de la venue dans le monde, de multiples et diverses informations vont se saisir de l'enfant, le pénétrer et bouleverser, comme par l'effet d'une tornade, nombre de liaisons neuronales. Néanmoins, il faut nuancer. Ces connexions seront sans doute moins détruites que plutôt secouées et balayées comme l'herbe sous le vent. Mais elles ne sont pas déracinables pour autant. Bien sûr, nous sommes à un stade de plasticité cérébrale où la répétition d'une expérience peut s'imposer et modifier une organisation préalable. Mais ce ne sera pas tout de suite ni d'un seul coup. Reprenant notre comparaison nous dirons que le neurone, comme l'herbe, se redresse après le passage du vent et peut reprendre sa forme ou sa fonction initiales. La venue au monde n'est pas en soi nuisible, elle n'est d'abord qu'une exposition à un danger qui ne doit pas trop souvent se reproduire, car il finirait par démanteler la structure logicielle prénatale.

L'INTRUSION BINAIRE.
En tout cas, l'enfant venant au monde est confronté à l'information binaire qui résulte fondamentalement, non des caractères variables et opposés de l'environnement, mais d'abord de la présence ou non de la totalité ; il s'agit donc de la binarité affectant la totalité et, par là, sa possibilité même. Cette *binarité essentielle* à laquelle se trouve exposé l'être du nouveau-né est aussi ce contre quoi la mère peut lutter. Elle arbitre la concurrence entre deux mondes – prénatal et

imposé par la vie extérieure –, qui se disputent le devenir de l'enfant.

Si on imagine assez aisément, et nous y reviendrons, comment la systématique binaire peut intervenir sur une organisation neuronale, par contre on ne voit pas du tout comment la mère peut contribuer à en préserver l'état originel ou tout au moins l'adapter au monde. Car la question est là. Il est possible de remettre l'enfant dans certaines conditions de totalité en agissant au niveau des besoins corporels, en les comblant de telle sorte que le bébé se rendorme et se retrouve comme au sein de la vie intra-utérine. Celle-ci a en effet des prolongements et des substituts que le langage décline en appelant « sein » aussi bien le ventre que la poitrine et même la contenance de l'esprit. Mais, cela dit, si l'action de la mère se bornait à assurer les seules fonctions organiques vitales, si *l'action spécifique* évoquée par Freud se résumait à cela, nous n'aurions pas beaucoup avancé. Certes, l'immaturité (apparente) du nouveau-né incite à lui porter secours, à faire pour lui ce qu'il ne peut pas faire de lui-même. Il n'en reste pas moins que si l'on se contentait de cette assistance, on retarderait d'autant la naissance : l'enfant ne ferait que revenir à la première ordonnance logicielle, il s'y enfermerait grâce au sommeil, il s'isolerait par rapport aux informations binarisantes venant du monde et aucune évolution ne se produirait. Très rapidement d'ailleurs, l'impact de ces informations extérieures deviendrait dangereux car, à retarder l'épreuve de la différence, on la renforce.

Par conséquent, la question se pose vraiment de savoir comment l'action maternelle peut contribuer à une évolution du logiciel de base, effectuant en quelque sorte une mise à jour accompagnant la mise au jour de l'enfant. Il faut en effet que celui-ci ait la possibilité de s'impliquer dans le monde sans perdre pour cela sa constitution originelle acquise de manière épigénétique prénatale. Ce ne sont pas les mots doux, les expressions tendres et les gestes affectueux qui pourront suffire ni même, dans un premier temps, être actifs en ce sens. Ils favoriseraient tout autant le retour à l'état antérieur. Donc, il faut des moyens nettement spécifiques pour que puisse s'effectuer l'adaptation natale du logiciel de base.

La disposition maternelle.

Apparemment, on ne voit nulle part quelque moyen de ce type. On n'imagine pas a priori ce dont la mère pourrait disposer pour œuvrer dans ce sens. Elle n'a rien que des biens terrestres, des aliments et des réchauffements ; et nous avons indiqué leurs limites. Pourtant la mère, celle qui n'est pas en difficulté maternelle, ressent bien qu'elle a quelque chose à donner, qu'elle voudrait bien donner quelque chose à son enfant. Lui donner quoi ? Le sein, l'affection, la protection ? Sans doute, et plus encore. Elle voudrait *tout* lui donner. La maternité normale – celle qui va bien, non pas celle qui obéit à des normes extérieures, morales ou sociales – implique une perception de l'enfant comme l'être à qui l'on a besoin de *tout* donner. Non seulement parce qu'il est faible et apparemment impuissant, mais parce qu'il est d'abord une image de soi-même et donc l'occasion, par le biais de la réponse à ses besoins, de se donner ce que l'on n'a pas, ce que l'on n'a plus, la totalité qui manque, devenue lointaine à force de vivre, mais que l'on a pu sentir rapprochée en étant enceinte. Pendant cette période, on vit en soi un être – à la fois soi et autre que soi – vers lequel converge déjà un intense besoin de donner. On le souhaite, on le rêve, on le veut pour que le bébé existe, et par là exister soi-même autrement, exister pleinement. C'est en ce sens que la grossesse prépare à la maternité.

Le bébé qui vient est alors l'objet du désir de donner pleinement. Ce qui renforce la contradiction puisqu'il n'y a pas grand moyen d'agir en ce sens, si ce n'est en procurant un genre de satisfactions ou de jouissances qui tendent à faire revenir en arrière. Bien entendu, il faut aussi cela entre la mère et l'enfant : l'acquis de totalité qui a marqué l'ensemble du corps, la mémoire du corps, ont besoin d'être consolidés et de pouvoir être vécus par le biais de satisfactions sensuelles et sensorielles. Il faut au bébé un minimum de sensations organiques pour vivre et la vie de l'homme doit pouvoir s'étayer sur un tonus libidinal suffisant. Mais, répétons-le, l'essentiel ne passerait pas uniquement par là sans risquer la stagnation, voire la régression.

La mère n'est pas pour autant démunie. Elle a des moyens spécifiques – sans doute discrets, mais appropriés – pour faire évoluer de manière natale le logiciel cortical de base, et sans qu'il ait à perdre ses caractéristiques essentielles. En effet, nous n'avons pas affaire à une maternité animale et la mère, même prise elle-même dans les limites de l'action binaire, y trouve plutôt un renforcement de son désir de donner la totalité. Il devient, ce désir, obsédant, prépondérant, envahissant ; il fait toute l'inclination de la mère. Elle est ainsi toute *intentionnalité* de donner la totalité. Alors, quel que soit ce qu'elle apporte, tout est marqué du sceau de la totalité qu'elle a en vue. Elle dépasse les limitations inhérentes aux choses et ce qui est néanmoins partiel devient total en raison de l'intentionnalité qui anime ce qui est donné. La mère déjoue et supplante le système binaire jusqu'à être capable de prendre le relais de la totalité originelle. C'est de cette manière spécifique que la mère *donne* la vie.

### LE CYCLE DU DON.

Ce qui conduit à réfléchir à l'essence du « don ». Le don n'est pas ce qui est procuré, il est strictement ce qui est *donné* au sens fort du terme. Le don n'est pas une donation, ni un cadeau ou un bienfait. Il suppose qu'une personne veuille rejoindre l'autre au niveau de son être, sans aucun calcul ou *intention* préalables, par le seul fait d'une *intentionnalité* animée par le besoin fondamental de totalité. C'est cette intentionnalité qui fait le don et elle seule. Celui ou celle qui donne, quel que soit l'objet pouvant servir de médiateur, ne donne jamais rien de particulier mais cela même qui lui manque. En fait, donner s'adresse autant à soi-même comme être en mal de totalité qu'à l'autre pressenti souffrir de ce même état. À l'autre on fait don de l'être que l'on voudrait pour soi-même, et on le fait inconsciemment pour soi en le faisant pour l'autre. Sous l'angle de l'être de totalité que l'on n'est pas et en raison de la totalité qui est néanmoins en esprit, il y a correspondance entre l'autre et soi. Ainsi se donne et existe ce que l'on n'a pas et, s'il s'agit d'un nouveau-né, cela revient à lui *donner naissance*.

Entre adultes, le don peut déranger, car il vient troubler le fait d'être soi selon le moi. Il y a comme un franchissement des frontières qui protègent le moi. Ce qui rend dangereux le don et expose à des réactions diverses au point que les cultures ont balisé le chemin en institutionnalisant des systèmes de don. M. Mauss les retrouvait dans ces échanges paradoxaux qu'il a envisagé en étudiant le *potlach*. Mais le problème ne se pose pas au niveau de l'enfant nouveau-né, trop heureux de retrouver simplement ce qu'il est et veut être, malgré l'inadéquation première du monde. On peut donc aller vers lui, tel qu'il attend d'être. Le petit enfant sent cela, il l'éprouve, il a toutes les cordes sensibles pour éprouver l'intentionnalité du don. Il sait ce que *don* veut dire, ce que le don apporte : il y perçoit la totalité réapparue. La totalité, qui est en somme « indonnable », est ainsi donnée. C'est là le sens essentiel du don.

Vient alors la suite. Le don donné comble l'attente de la totalité et la ressuscite chez l'enfant qui est l'objet de ce don. Ce n'est pas une gorgée de lait qui ici rassasie, c'est un état de totalité qui extasie. Car le don révèle, il est révélation, il montre sous une forme nouvelle, notamment celle du visage de l'autre, ce que l'on voyait auparavant par la vision intérieure. Le don dévoile. Et cela se constate par son effet sur le visage de l'enfant devenant tout regard, écarquillant les yeux, tendant la langue, tout en même temps que les bras s'agitent et s'ouvrent. Il boit les yeux et la parole de l'autre, il voudrait l'embrasser, lui parler. Il est mu, ému, animé par le don reçu, par la totalité retrouvée dans le don qui vient de l'autre et du seul fait de son intentionnalité. La totalité, même manquante, se communique. C'est la *première communication*, natale. C'est une *communion*. La communication, à ce stade ou selon ce mode, est communion. Il n'y a pas de plus fort langage et c'est la source de tout langage.

Alors, par son ressenti et ce qu'il en exprime, l'enfant fait percevoir à la mère qu'il a reçu la totalité. Elle, qui ne l'a pas, la reçoit à son tour. Ce qu'elle a donné à son nouveau-né lui revient. Par cet envoi et ce renvoi, ce don et ce retour, s'installe le *cycle du don*. Il est non seulement nécessaire à toute alimentation natale, mais aussi indispensable à cette situation qui conforme au monde le logiciel ontologique de base.

L'ANALOGIE DE L'ÊTRE.

Car ce qui est donné a pris le visage de l'autre, se présente sous la forme de sa présence. Au double sens du terme, le don est un *présent*. Si la vie in utero affluait comme totalité dans la zone neuronale libre, ici ce sont des formes humaines et terrestres qui apportent la *même chose* sous l'apparaître du monde. En fait, l'enfant vit une *analogie de l'être*. Ce terme, qui rappelle les vieilles controverses du Moyen-Âge et en particulier les positions thomistes, s'applique ici en toute rigueur. L'être vécu, intégré comme état neuronal central, devient l'être perçu. On accède à une représentation de l'être et il est autant présenté que présent. Le logiciel de base s'en informe, se reforme, se remodèle selon ces données au point que l'enfant n'aura rien perdu de son premier état. Il y a transposition du monde prénatal dans le monde actuel. L'origine devient l'*Originaire*. Elle s'établit sur ce nouveau versant de la vie par l'opération logicielle qui va permettre de résister à l'assaut du binaire et lui donner, sinon un sens, tout au moins un arrière-fond, une fondation. À partir de là, et par l'effet de l'analogie de l'être, le binaire ne fera pas sens à lui seul : il devient la déclinaison de situations rapportées à un ensemble, à la totalité restée présente et réelle.

Ainsi s'accomplit la *naissance psychique* : le réel n'aura pas été asphyxié par la réalité dans la mesure où les effets ontologiques du don auront préservé d'entrer trop vite et démuni dans le monde de l'antinomie. Cette naissance tient à l'acquisition de la possibilité de *représentation* de la totalité, sans quoi l'homme ne peut être viable. Voir l'apparaître du monde comme analogie de l'être correspond d'ailleurs à la genèse du processus de pensée. « Penser et être, disait Parménide, est la même chose ».

## LE TROISIÈME SYSTÈME LOGICIEL

On n'échappera pas pour autant à l'invasion binaire. Mais elle n'a plus le même sens ni le même impact.

Au lieu que les événements soient vécus comme une violence faite à l'être natal en suspens, ils seront perçus et intégrés dans la vision générale d'une totalité vérifiée dans le monde. Il y a maintenant la totalité plutôt que rien, elle a vaincu la binarité existentielle. Tout, en effet, est mis en relation avec ce signifié de base. Les éléments contraires entrent dans ce rapport : ils ne sont plus ni crus ni cruels, ils sont informatifs selon la totalité sous-entendue et ils la rendent sensible pour peu que leur signification ne les rattache pas exclusivement à un monde de choses. C'est ainsi que la symbolicité, issue du vécu assuré de totalité, prime sur le symbolique propre à la signifiance binaire inhérente au monde des objets conceptualisés. La permanence du *réel* n'est pas atteinte par ce qui devient la réalité. On peut vivre parce que le fondement demeure, malgré et même moyennant la réalité.

Dès lors, il est possible d'agir et non seulement de réagir et se protéger. Agir veut dire deux choses. D'abord, la constitution du logiciel de base nous laissait sans moyens : ce n'était pas l'acquisition d'une force vitale liée à un système d'adaptation. Par contre, il est devenu une exigence d'un nouveau genre et selon une nécessité distincte de celles qui relèvent de la vie organique. C'est pour cela que le nouveau-né ne peut agir autrement que par le regard et selon toutes les formes possibles de son intentionnalité. Mais maintenant, par rapport à cette situation première souvent confondue avec une soi-disant prématurité, la possibilité générale de l'action réapparaît. La motricité est retrouvée, car elle est reconditionnée. Elle n'était que suspendue par l'incompatibilité entre le logiciel de base originel et les adaptations génétiquement programmées pour le monde. De plus, elle signifie aussi qu'on devient capable de ne pas se laisser faire par les contradictions binaires que l'on apprend à utiliser, à organiser pour faire que la totalité soit également de ce côté du monde.

Agir prend dès lors une forme particulière. Agir, sera parler. Sans doute, pour combiner l'étant et lui insuffler de quoi signifier la totalité, mais aussi pour qu'elle soit exprimée dans les formes de l'étant. Car la totalité est un être qui échappe, qui fuit à l'approche et reste insaisissable ; il est perçu sans pouvoir être tenu et il faut le *dire* pour qu'il demeure. Dès lors, on plonge à pleines mains dans le binaire que l'on agence, ordonne et recompose pour qu'il prenne sens selon la totalité en vue. Le verbe « être » sera partout, il s'insinue dans l'être passif de l'étant, le transforme et le hausse au niveau de notre être propre. On le fait correspondre à nos aspirations, à notre respiration. Parler, c'est respirer un air qui n'est pas de ce monde mais qui aura été introduit dans l'atmosphère raréfiée du binaire. Cette capacité de *syntaxe* sera la forme actualisée de la naissance psychique.

L'opération maternelle permet que se mettent en place ces liens nécessaires pour que la totalité, un moment suspendue par la venue au monde, soit à présent perçue autour de soi, dans l'existence de l'autre et dans les objets du monde. Le binaire n'est plus un obstacle à la naissance et à l'action. Au contraire, il devient un instrument. On dira que l'homme est agissant, fabricant, *faber* ; qu'il est rationnel, qu'il est doué de raison – mais c'est parce qu'il a trouvé sa raison d'être autrement que dans la raison brute. L'homme est possible si la totalité a maintenant sa place au monde.

### 3. *La totalité et le mal*

La PARTIE n'est pas nécessairement gagnée pour autant. Le rapport entre la prégnance de la totalité comme structure psychique essentielle et ce qu'introduit ou impose le système binaire, peut entraîner des difficultés graves. On les observera très tôt ou à plus long terme : le mal se développe et la totalité est touchée si elle est identifiée au négatif ou si le choix de raison la défigure dans la totalisation jusqu'à pouvoir de la faire sombrer dans le totalitaire.

La maladie du négatif.
Rappelons d'abord que l'épreuve binaire, c'est-à-dire la mise en cause de la totalité originelle, ne

se fait pas attendre. Très vite, et au-delà de phé-nomènes en quelque sorte furtifs, l'enfant est amené à ressentir qu'il se passe vraiment quelque chose de très différent, si ce n'est de très anormal par rapport au vécu prénatal. Bien sûr, grâce à l'action spécifique de la mère, notamment par le cycle du don et sur fond de satisfactions libidi-nales suffisantes, ce sont en principe des corres-pondances sensorielles et cénesthésiques positives qui s'établissent avec l'être originel, lequel ac-quiert une réalité sous des formes nouvelles. C'est le moment du processus analogique. Mais il peut être défaillant et insuffisant pour compenser l'effet binaire.

Que devient l'enfant plongé dans ce monde quand une assise minimale ne lui garantit pas la totalité, quand il reste démuni à ce niveau ? Il n'a souvent d'autre ressource immédiate que de s'opposer. À la différence de l'animal, rapidement capable de fuir les situations pénibles, le petit enfant reste cloué sur place et demeure prison-nier de ce à quoi il voudrait échapper. Il peut certes essayer de se préserver par des moyens sommaires, par exemple en se raidissant, en détournant la tête et en criant. Cette conduite, normalement transitoire, évoluera bientôt en un va-et-vient horizontal de la tête, prémisse de la négation, laquelle est en général élaborée dans un cadre relationnel. L'enfant dit « non » et se fait comprendre. Mais, dans certains cas, l'expression ne s'adresse à personne et elle se limite à un mouvement réflexe.

Si les choses en restent là, le détournement risque de se fixer, de devenir une attitude, une habitude, voire une conduite durable. C'est un comportement inquiétant, car il signifie que l'enfant est en passe de ne pouvoir vivre la totalité autrement que, précisément, *ce qui n'est pas*. L'opposition se radicalise. Elle évolue en réactions diverses, parfois extrêmes, contre la naissance. Il y a ainsi des « maladies de la naissance ». Mais par rapport à ces divers comportements – d'une part l'opposition réflexe et la rétraction qui persiste et s'aggrave, d'autre part le non comme modalité relationnelle – un compromis dangereux peut s'installer : le bébé fait alors sienne la défaillance de la totalité et il l'investit comme la forme à la fois paradoxale et paroxystique de *sa propre totalité*. C'est de lui que désormais il sera *exclusivement* question : il s'enferme dans la forteresse en quoi il se constitue et il se rend imprenable en se réfugiant dans le négatif. Seul élément retenu du champ binaire, ce négatif porté à l'absolu devient la figure emblématique et paradoxale de la totalité.

Le négatif est donc ici un état plénipotentiel qui s'installe en lieu et place de la totalité et il s'y substitue dans la mesure où c'est effectivement le *rien* de la totalité qui est posé comme la seule dimension vitale acceptable. Ce négatif se fige et sera l'objet d'une volonté immuable. Pour *rien* au monde, l'enfant n'acceptera de s'en détacher. Il s'accroche au rien et rien ne l'en fera « démordre » ; mot qui est à prendre au sens littéral, car la moindre approche qui outrepasse les limites du repliement sur soi, pousse l'enfant à mordre l'intrus et provoque l'explosion de conduites violentes. La totalité négative a la violence en réserve ; c'est, pour reprendre le terme de J. Bergeret, la « *violence fondamentale* ». Pour elle, il n'y a ni bien ni mal mais seulement des mécanismes défensifs qui se réduisent à trois termes : nier, s'enfermer et, si cela devient nécessaire, attaquer jusqu'à détruire.

On aura reconnu là un certain nombre de traits caractéristiques de l'*autisme*. Mais c'est aussi la base d'autres problématiques précoces pouvant aboutir à des « maladies de la naissance » dont la gravité est à géométrie variable en fonction des situations. Est-il utile de préciser que l'évolution logicielle natale se trouve alors contrariée et que, dans le cas de l'autisme, elle s'est arrêtée ? Elle s'est crispée et bloquée sur cette position aberrante, mais qui est la plus archaïque et le seul sens qui reste possible à l'enfant privé de totalité. Il se garde alors en refusant l'accès, tout accès, des autres à lui-même, comme de lui-même au monde. L'expérience lui aura appris très tôt qu'il n'y avait rien de plus dangereux pour lui que l'ouverture natale. S'ouvrir, c'est risquer l'intrusion du binaire destructeur de totalité. Cette conviction progressivement acquise conduit à se cloîtrer en soi et à se prendre soi-même pour une totalité minérale et froide, explosive et indomptable.

LE CHOIX DE RAISON.

Mais tout danger n'est pas écarté. Si l'autisme et les maladies de la naissance témoignent d'une bifurcation natale qui peut être létale ou tout au moins produire de graves troubles du développement, l'autre voie n'est pas sans risque, car elle est soumise au choix de raison. Avec la raison peut apparaître le mal.

En principe, ce ne devrait pas être le cas car même le « non », très différent du négatif, est un élément du bien. Pour peu qu'on y réfléchisse, on y verra un effet de la détection du binaire et sa dénonciation. Car le binaire ne vient pas en bloc sur le sujet, c'est lui qui le découpe en tranches distinctes, si ce n'est opposées. En fait, l'homme est apte à reconnaître le binaire parce qu'il s'y connaît en totalité. Le binaire n'est pas seulement le tout ou rien – cela relève de la position archaïque qui débouche sur la structure autistique – ; il est aussi la reconnaissance de la différence et l'indice de séparation des éléments. On sort alors du chaos et on installe la lumière. On repère la nature complexe de l'environnement et on identifie ce qui est favorable et ce qui ne l'est pas. Le mal est détecté et fournit l'argument de la décision rationnelle.

Alors, tout est prêt pour le langage. Si le verbe s'introduit dans le chaos ainsi délimité, séparé en zones de lumière et d'ombre, il devient possible d'articuler les différences qui sont alors comme le rayonnement de la totalité préservée. Sur fond de division binaire intégrée, l'agencement syntaxique donnera la parole. Mais encore faut-il ne pas se tromper de raison. Il y a un choix de raison, entre deux modalités de la raison.

La *raison naturelle*, celle qui fait l'homme et le

distingue des animaux, est la possibilité de maintenir une assise de totalité qui, elle, n'a pas besoin d'avoir raison. Il suffit qu'elle voie ce qu'elle a à voir. La contemplation convient à cette raison-là ; mais ce n'est une contemplation que si elle est une participation. La vraie raison ne discute pas, elle s'entend, elle participe. Il y a une raison de participation qui n'est pas une raison de discussion. Celle-ci devrait généralement rester soumise à celle-là. Angélus Silésius avait eu cette phrase qui a suscité bien des commentaires : « La rose est sans pourquoi ». C'est probablement la meilleure définition que l'on puisse donner de la vraie raison humaine. La totalité n'a rien à voir avec le pourquoi, avec l'explication. Elle se constate, comme on constate l'éclosion de la rose et comme on respire son parfum. Mais l'analyse du parfum abolit toute odeur et la transforme en éléments binaires. On comprend peut-être alors de quoi sont faits le parfum et la rose, mais on ne les voit plus et on ne les sent plus. La rose a disparu, dissoute par l'analyse de ses propriétés.

LA TOTALISATION.

On voit qu'il existe un mode de raison qui ne va pas dans le sens de la totalité. En effet, malgré une assise positive initialement suffisante, la totalité peut apparaître secondairement défaillante quand le désir qu'on en a n'est pas suffisamment équilibré par l'incidence relationnelle du cycle du don. On veut alors toujours davantage et les avantages de la possession l'emportent sur ceux de la relation. À partir de là, procédant par analyse et synthèse, on met la totalité dans les choses et, comme elles sont de nature binaire, on s'emploie à les intégrer dans un système qui en permette la maîtrise.

Cette autre raison est la *rationalité*. C'est la raison raisonnante, c'est-à-dire l'exercice exclusif du raisonnement binaire. Elle dit ce qui est vrai et ce qui est faux. Elle monte et démonte ses arguments, elle ne cesse de prouver qu'elle a raison. De plus, prise à son propre piège mais piégeant tout autant, elle peut subrepticement faire glisser d'une raison à l'autre et attirer tout à elle. C'est en tout cas un système sans faille, une construction logique qui veut avoir raison de tout. Elle le peut d'autant mieux qu'elle est extraite de l'existence matérielle, indexée sur l'existence binaire des choses et sur la structure également binaire des situations au point d'être prouvée par leur réalité concrète. Cette rationalité assurée offre le monde à l'homme qui n'a plus qu'à s'en saisir.

Mais il faut bien voir qu'il en résulte une *inversion du sens de la naissance*. La totalité ne vient plus au monde avec l'homme et il ne la retrouve plus dans la perception analogique ou par l'agir en énaction (F. Varela) ; c'est du monde que l'on extrait une autre sorte de totalité se substituant à celle de l'homme et introduisant dans la voie de la *totalisation* et de ses conséquences. Ce bien, au sens du naïf désir humain, est la puissance du mal par rapport à l'origine humaine.

LE MAL TOTALITAIRE.

Le mode d'emploi de cette puissance est simple : il s'agit d'exercer un savoir pratique qui rend capable de diriger la binarité en l'ajustant sans cesse pour qu'elle rentre dans un système rationnel. Celui-ci apparaît comme la somme idéale de toutes les différences et de toutes les contradictions, comme la synthèse absolue. Cette apothéose de la rationalité n'est qu'une modalité contrefaite de l'avènement de la totalité. C'est la totalité par les choses et l'ordre des choses. Elle est toute puissante parce qu'elle semble aller de soi et parce qu'elle s'accorde avec l'expérience pratique qui lui renvoie concrètement qu'elle a raison. Par ce biais, l'homme trouve une totalité d'usage, livrée apparemment à son bon vouloir, alors que c'est lui qui s'y est aliéné.

Mais c'est un mal qui est en marche. Très vite, le système s'emballe. Il fait de la totalité un mirage qui ne cesse de miroiter à l'horizon de l'action du moi. Pris dans cette exubérance conquérante, il exploite les ressources du binaire comme un gisement de puissance. Il faut de la matière pour avoir raison. Un pas de plus et la totalisation vire au pouvoir *totalitaire*. Alors, la raison ne relève plus de la totalité inhérente à l'homme ni même de sa propre puissance raisonnante, mais d'un pouvoir exclusif à quoi il sacrifie tout.

Le tout sacrifié est d'ailleurs la forme que prend la possession réalisée. Autant que de construire, on aura la pulsion de tuer, de massacrer, de dévaster. Détruire, c'est être en se signifiant à soi-même et aux autres que l'on est le maître de la totalité. Peu à peu, la déviation totalitaire finit par avoir raison de l'homme. Il ne faut pas aller plus loin pour trouver l'origine de ce que l'on a nommé *l'instinct de mort*. La violence fondamentale trouve ici son autre fondement, sans doute issu de la vie, mais retourné contre elle. Elle tient au désir de maîtrise d'une totalité qui, à terme, ne se réalise que dans l'anéantissement.

Il est nécessaire de souligner que la psychogenèse ne peut pas se faire au hasard et que l'évolution logicielle risque de connaître des inflexions néfastes. Elle peut s'égarer ou être égarée. On peut devenir malade ou contracter la maladie de penser mal et de faire le mal. La nature de la totalité peut avoir changé suivant qu'elle est l'amour exclusif du négatif ou celui de l'emprise généralisée. Il apparaît donc que l'usage de la raison binaire doit être progressif et se faire sous les auspices d'un développement suffisant de la *raison participative* qui est, eu égard à la nature de la totalité réelle, notre raison naturelle.

Comment comprendre autrement la recommandation biblique de ne pas toucher à l'arbre du bien et du mal ? C'est de raison binaire qu'il s'agissait, car c'est elle qui menace la possibilité édénique. Pour la préserver tout en se séparant de l'origine, il faut une préparation, il faut que le logiciel de la totalité ait été suffisamment réétalonné par l'expérience du don. On ne *prend* pas la totalité, même sous prétexte d'user de la binarité ; c'est tomber dans le mal, c'est contracter un mal de tête et un mal de vivre durables. Dans le Jardin, il est interdit de prendre ce qui n'est pas *donné*.

L'enseignement essentiel est là : la totalité se donne et n'apparaît que donnée. Tout le reste est mal ; tout le reste est le bien et le mal où le mal l'emporte toujours, à moins que le don puisse avoir un effet de contrepoids suffisant en raison de la totalité réelle qu'il maintient. Il n'y a que cela qui puisse préserver l'homme d'être *abusé* par le désir de possession de la totalité. Sinon, aveuglé par la violence logique, il se laissera entraîner dans la dérive totalitaire qui lui fait imaginer pouvoir s'emparer de ce qui relève seulement du *donné*.

En tout cas, ce qui s'applique à toute la vie est radicalement nécessaire dès son début, au moment de la naissance psychique et pendant la longue période où elle s'effectue. L'enfant humain est en danger de naissance, ce à quoi la mère répond en lui *donnant* la vie au jour le jour. C'est une opération quasi neurologique, informant les liaisons neuronales, les ordonnant selon la nature originelle d'une totalité qui peut être préservée et mise en œuvre une fois que l'on est au monde. C'est ainsi que l'homme sauve sa tête.

Quoi qu'il en soit, la totalité est une problématique qui n'est pas sans exposer à des risques graves ; elle peut rendre fou comme elle peut aboutir au mal. En fait, même si elle dépend de la transformation générative de logiciels corticaux, elle est entre les mains des hommes et elle résulte de ce qu'ils se font les uns aux autres.

# III

## L'entretien des hommes

*L'*HOMME *peut vivre en toute connaissance de cause. Il est pourtant nécessaire qu'il évite de s'identifier ou de se rattacher à la seule cause des choses, à leur organisation logique, laquelle répond à un système binaire. L'homme relève d'une autre cause : la totalité, qui est son origine et qui préside à sa constitution.*

*La totalité n'est pas un mystère : c'est le fait humain lui-même. Il a sa genèse qui semble s'opérer en trois temps qui sont autant de naissances.*

*À chaque fois, et c'est un passage, l'homme est composé comme il risque d'être décomposé. Car il est l'être qui peut ne pas être son être. En tout cas, il n'y a pas de nature humaine génétiquement programmée, seulement la programmation d'une ouverture corticale inédite.*

*Au début, c'est une évolution strictement intérieure : elle a lieu au sein de la vie et telle qu'elle est retranscrite pendant la vie prénatale dans notre matière neuronale libre. Ensuite, il y faut la main de l'homme, ou plutôt son visage et sa parole, exprimant la totalité, assurant au nouveau-né la possibilité de vivre son âme dans une continuité de monde.*

*C'est dire l'importance de ce que les hommes établissent entre eux, l'importance de l'entretien des hommes.*

*L*'HOMME A UNE ÂME, qui n'est pas ce que l'on avait pensé. Il fallait abandonner cette notion, d'autant qu'elle relevait d'une croyance. Mais cela n'empêche pas de la reprendre dans un autre sens et comme structure anthropologique. Celle-ci apparaît dans le fait que la *reproduction biologique* des organismes se double, au niveau humain, d'une *reproduction informative*, faisant de nous, non pas seulement des vivants, mais l'expression psychique de la vie elle-même. L'homme est le vivant de la vie et non de la matière dans laquelle sa naissance physique le fait advenir. C'est une chose risquée parce qu'elle nous déracine du monde au point que l'on aurait pu en être éliminé. Mais cette nouveauté peut se maintenir tant que les hommes assurent la possibilité de la totalité entre eux. Ils ont ainsi contribué à des remaniements logiciels nécessaires, qu'il est utile de réexaminer selon une vue d'ensemble susceptible de fournir une conception anthropologique générale.

## 1. L'ENCHAÎNEMENT LOGICIEL

### POURQUOI DES LOGICIELS DE L'ÂME ?

L'âme était un principe sacré, la voilà réduite à une structure informative. Il n'y a rien à redire à cela. La totalité apparaît plus nettement, plus clairement et c'est notre affaire : elle dépend de ce que nous en faisons.

Pour commencer, il faut bien comprendre la

nécessité de l'évolution logicielle. L'explication tient au fait que le premier d'entre eux, celui de la structure neurontologique originelle, va se heurter au monde dans la mesure où celui-ci est agencé par un tout autre type de logiciel, unique et immuable. C'est un système résultant de la logique des choses, inhérent à la condition de l'étant : une chose ou une qualité se trouvent être ou n'être pas, et si c'est à demi, cette estimation ne provient que de l'homme. Pour les choses, il n'y a que le système 1/0, de sorte que le monde est traduisible en langage d'informations binaires. C'est la structure de l'existence du monde, face à celle de l'homme. Par rapport à cela, pour nous y adapter, il est nécessaire qu'interviennent à notre niveau des étapes de transformation logicielle : l'homme doit réaliser la synthèse de ce qu'il est et de ce qui existe au monde.

Les animaux sont parfaitement adaptés à la condition binaire ; ils vivent selon cette alternance et ses alternatives. Que les choses soient vraies ou fausses, peu leur importe : ils sont moyennant l'état du monde, ils s'y plient et s'en accommodent. Sinon, la sélection naturelle s'applique et les espèces qui outrepassent la logique écologique sont condamnées à disparaître.

L'homme est une anomalie qui tient bon. Mais il est près de succomber à sa naissance physique. N'était l'œil qu'il lève, qu'il dresse et par quoi il interpelle. À quoi répond généralement une mère qui éprouve le même désarroi, qui est en désespoir complémentaire de naissance, car elle perd en le faisant naître l'être qu'elle avait retrouvé en son sein. Mais cette mère s'obstine et se substitue au monde pour y recevoir l'enfant. Alors, malgré la toute-puissante réalité binaire, l'entretien des hommes assure, ou devrait assurer la possibilité de survivre.

Cependant, la sélection naturelle aurait pu jouer, particulièrement à notre niveau. Le nouveau-né humain tombe dans l'opposé de la totalité prénatale et il s'y trouve d'emblée exposé à ne plus pouvoir être ce qu'il est devenu. C'est pourquoi, chaque fois qu'un homme vient au monde, il a besoin d'être secouru. Sans cela, l'espèce aurait disparu. Heureusement, le nouveau-né trouve un auditeur, un déchiffreur de son logiciel natal pour peu que la mère en ressente la même chose, dans la mesure où elle est suffisamment redevenue sensible à la totalité originelle. À partir de là, elle va pouvoir contribuer à ce que l'enfant tienne bon. Tout en étant elle-même du monde, elle rend la vie possible car elle en maintient les conditions et aménage les transitions. C'est pour cela qu'il va y avoir une refonte logicielle : des formations appropriées s'enchaînent qui doivent venir à bout de l'affrontement avec le logiciel binaire matériel. Cela s'appelle naître.

Du fond des âges, l'homme s'est progressivement relevé : il s'est sorti de l'impossibilité natale initialement inhérente à son espèce, et il a établi son propre monde. Il trouve une correspondance ontologique qui fait barrage à l'assaut binaire et contourne la destruction. Jusqu'à ce qu'advienne la parole qui intègre l'étrangeté binaire et permet de retrouver le lien utérin dans l'accord issu de la raison participative. L'homme a donc échappé à la sélection naturelle. Cependant, cela implique qu'il n'y a pas de continuité, mais une rupture entre l'évolution des espèces et l'apparition, puis le maintien de l'homme. Avec lui, l'évolution repart dans une autre direction. Les étapes de la construction intérieure semblent impliquer ainsi l'intervention de trois logiciels successifs et autant de naissances qui assurent la genèse de l'homme et de son âme.

La chronologie logicielle humaine.
L'homme se constituerait en trois étapes. L'acquisition prénatale de la structure originelle est suivie d'une réappropriation natale originaire qui conditionne à son tour la maîtrise des données factuelles du monde et la possibilité de s'y maintenir.

Pendant la vie intra-utérine de l'homme, l'organisation génétiquement programmée aura été profondément remaniée. Il se produit une épigenèse prénatale. Le mécanisme de cette opération est l'inscription neuronale qui s'effectue à l'image de de l'être même de la vie, pleinement vécu, mais surtout pleinement reçu et retranscrit dans les espaces neuronaux indemnes de toute programmation génétique. Récemment (2004), G. M. Edelman en indiquait la possibilité : « Les neurones qui s'éveillent ensemble se branchent ensemble durant les étapes embryonnaires et fœtales. » Sans doute, l'auteur n'imagine pas que ces neurones libres captent la structure de la vie homogène qui préside à la vie prénatale, mais il ne faut pas éviter cette conclusion ; elle s'impose. Si ces neurones se branchent entre eux à cette étape du développement, ils établissent une structure d'identité vitale, c'est-à-dire de totalité. La texture globale de la vie se trouve transposée au cœur de l'organisme fœtal au point de le réorganiser au-delà des dispositions génétiques préparant habituellement l'adaptation au monde. Il en résulte la constitution d'un logiciel de base dont la caractéristique est de recueillir l'insaisissable nature de l'être. En somme, un *logiciel ontologique* produit une structure neurale désormais à l'origine d'une nouvelle forme de l'être : l'être humain.

Après l'accouchement de l'enfant, une adaptation lui est nécessaire car le logiciel de base, qui désormais l'organise, est soudain plongé dans un monde incompatible avec ce que nécessite son maintien. Il faut que la totalité demeure, bien qu'elle ne trouve plus autour d'elle que des éléments binaires. Cette difficulté constitue la problématique spécifique de la naissance humaine. Elle se présente sous un double aspect : la nécessité que la totalité puisse continuer d'être effective et le fait qu'elle ne soit pas une chose que l'on puisse se procurer comme telle. Paradoxe à quoi seule la disposition maternelle peut répondre. Car, si la mère souhaite donner la totalité à son nouveau-né, celui-ci, qui est l'objet de cette intentionnalité manifeste dans le don, est ramené à l'existence de la totalité. Sans doute, en l'éprouvant il la rend sensible au donateur et la lui renvoie en retour, ce qui constitue le cycle du don.

Mais, en même temps, les éléments binaires inhérents à l'environnement se trouvent fusionés dans un ensemble tel que l'être, dont le cours était interrompu, réapparaît de ce côté-ci du monde. Le cycle du don étend ses effets à une transformation des apparences car la totalité inhérente à l'être de la vie est maintenant un apparaître. Il se produit alors une analogie de l'être qui franchit l'espace entre les deux bords issus de la venue au monde. Le logiciel ontologique de base, remanié par cette expérience, devient un *logiciel analogique*. Cette structure informationnelle nouvelle permet la mise en route de la naissance psychique.

En rapport avec ce que nous devenons alors, se crée une possibilité de perception qui reconfigure la condition binaire propre à l'existence des choses ou dans les choses. Celles-ci deviennent la face visible et l'horizon de la totalité qui, loin d'être inactive, sous-tend l'apparaître de l'étant. Dès lors, nous y mettons du nôtre, nous introduisons l'être pour lier et réorganiser l'étant. Voilà que nous parlons et agissons. Toute la question était d'aboutir à cette possibilité d'agir au monde comme chez soi ; il faut que la naissance avance. Elle progresse quand est acquise la capacité de coordonner l'être et l'étant, c'est-à-dire de faire être, mais selon l'optique de la totalité. L'homme, qui n'était plus son être, fait être. Il reconstruit la totalité, il s'affirme selon ce qu'il est devenu lors de l'épigenèse prénatale. Tout le chemin parcouru avait débuté par l'acquisition du logiciel ontologique, il s'accomplit quand la perception analogique débouche sur la constitution d'un *logiciel syntaxique*. L'homme de l'être devient un être parlant.

Cette évolution, que l'on pourrait appeler *pronatale*, résulte d'un nouveau mode de reproduction qui s'ajoute à celui de la formation d'organismes : la vie, moyennant une disponibilité neuronale, crée l'être à son image. Dès lors, être n'est plus univoque, mais relève d'une histoire logicielle dont les trois principales étapes se trouvent schématisées dans le tableau suivant.

| LOGICIELS | Mécanisme | Interprétation |
| --- | --- | --- |
| ontologique | Transposition et transcription neurale de la totalité vitale elle-même. | Exigence vitale nouvelle, distincte de la pulsion organique. |
| analogique | L'être originellement vécu se retrouve dans l'être originairement perçu. | Cette exigence est sans moyens : elle dépend de la naissance psychique. |
| syntaxique | Le fondement ontologique étaye et agence l'appréhension binaire. | Le verbe (notamment le verbe « être ») intervient dans l'état de l'étant. |

Il reste que la parole est en équilibre variable, si ce n'est instable. Tout dépendra en quelque sorte de la relation proportionnelle introduite entre l'être et l'étant, entre la totalité originaire et l'existence binaire des choses. Le résultat, après le passage par la parole de l'enfant – ce babillement plus proche de l'être inhérent à la musicalité que de la conceptualisation rationnelle – peut cependant se trouver limité, dans certains cas, au seul développement cognitif. Alors, la syntaxe aura perdu une part de sa fonction initiale. En tout cas, nous n'avons de réelles dispositions cognitives qu'en raison de l'être que nous continuons à être, malgré la naissance physique et grâce aux transformations inhérentes à la naissance psychique. Autrement, cette aptitude cognitive à elle seule conduit à la totalisation de l'étant – voie aliénante même si elle est perçue comme la seule voie de progrès – et induit la volonté de maîtrise qui aboutit à l'existence totalitaire.

LES TROIS NAISSANCES.

S'il apparaît qu'il y a trois logiciels successifs, c'est autant de naissances qui se produisent. La naissance humaine n'est pas un moment unique, elle n'est pas ce qui correspond à l'accouchement mais à des métamorphoses qui s'enchaînent.

Que veut dire le mot « naissance » ? Il n'est pas synonyme de venue au monde, mais d'abord d'apparaître, de constitution progressive de quelque chose ou de quelqu'un. Il y a la naissance d'une œuvre, et c'est un long processus. De même la mise en place de nos logiciels humains implique du temps. Le mot de naissance – entendu de manière courante comme synonyme d'accouchement et d'une certaine rapidité de changement de milieu – introduit mal à la compréhension du sens exact de la naissance humaine.

Pour qu'il y ait naissance, il faut une préparation et la naissance est déjà toute dans cette élaboration, dans une constitution progressive. La gestation est à voir ici, non pas de l'extérieur, comme le corrélat de la grossesse, mais de l'intérieur et comme une formation. La naissance n'est pas réellement une apparition subite, cela n'est que l'effet observé de l'état qui en résulte. En fait, le sens réel de la naissance a été dénaturé par celui de l'accouchement.

Comme il y aurait chez l'homme une mise en place successive de trois logiciels et comme il s'ensuivrait autant de naissances, chacune engendre l'autre, mais aussi chacune est plus ou moins remise en cause par la suivante en même temps qu'elle est solidaire de la précédente. Sauf pour la première, qui innove et qui a été considérée comme une création, alors qu'elle n'est qu'une transcription.

La seconde est prise entre deux ; si elle paraît davantage correspondre à une naissance, c'est parce qu'elle répond au sens général que l'on attribue à ce terme selon qu'il implique un passage d'un monde à un autre. Mais la transition qu'elle effectue ne doit pas obscurcir sa réalité profonde : elle consiste pour l'enfant en un changement de l'orientation du regard. Non seulement il se produit une inversion de la vision intérieure, mais celle-ci s'opère dans le rapport au visage de l'autre et c'est à travers lui que la présence de la totalité est vérifiée.

Quant à la dernière naissance qui implique le développement syntaxique, elle devra tenir compte du monde binaire sans cesser de le rapporter à celui de la totalité. Pendant cette période originaire, la totalité est dominante, elle fait le sens, elle apporte la clarté et ordonne sans classer, simplement par l'évidence du simple apparaître des choses. Il faut cependant ajouter que cette évolution se trouvera remise en cause au moment où il faudra se séparer de la mère, rejeter son enveloppe et achever en une métamorphose qui conduit au moi ce qui, pendant des années, aura constitué l'étayage des acquisitions logicielles. Ce sera la fin de l'Originaire.

En somme, les naissances humaines sont périlleuses. Elles conditionnent la vie et son avancée, mais leurs résultats ne sont pas assurés. Ce qui conduit à la révision d'une idée reçue et toujours en vigueur : on s'occupe avec beaucoup de vigilance et de technicité, avec le maximum de précautions, de la naissance physique dont on aura soutenu la gestation, si ce n'est même préparé, voire fabriqué la conception ; mais on ne voit pas au-delà. L'obstétrique, au sens étymologique du terme, *se tient devant.* Elle s'interpose et masque la naissance sous le phénomène manifeste de l'accouchement. Concentrant l'attention sur les processus physiques et assurant qu'ils sont entre bonnes mains, l'obstétrique dissimule incidemment qu'on ne fait rien ou plutôt qu'on laisse tout faire au niveau des trois naissances humaines. Que ce soit celle qui correspond à la vie du fœtus, celle qui établit la correspondance entre la totalité pré- et postnatale, ou celle qui donne les moyens d'intervenir en tant qu'être dans le règne de l'étant binaire. Ainsi, les naissances de l'homme se font au hasard, si ce n'est au péril des circonstances. C'est pourquoi elles donnent prise à l'interférence des liens.

## 2. L'INTERFÉRENCE DES LIENS

LA VIE DE L'HOMME peut être harmonieuse. Il suffirait que les transitions entre les modalités logicielles successives s'effectuent comme il faut et sans trop de heurt. Entre chacune des réalités impliquées – originelle et originaire – et assurées par les modalités logicielles ontologique, analogique et syntaxique, il faut un glissement souple. Elles ne sont pas contradictoires, elles se lient aisément l'une à l'autre. La naissance n'est pas un traumatisme si la totalité peut être retrouvée sur l'autre rive de la vie ; le fondement ontologique n'est pas atteint par l'alternance ou les contraires s'il est arrimé dans l'existence d'autrui. De même, la rationalité n'est pas réductrice si elle permet de donner la raison réelle de la différence. Celle-ci n'est plus alors autre chose qu'une diversité, ce qui permet de voir au lieu de subir, de contempler au lieu de soupirer, de se trouver au monde sous ses formes variables qui sont comme autant de versions de la totalité de l'être.

La vie de l'homme pourrait donc être simple pourvu que se soit effectué un bon report de l'acquis prénatal et que la naissance psychique ait bien eu lieu. C'est la première condition. Si celle-ci n'est pas remplie, les maladies de la naissance peuvent ramener de manière mortelle à l'antérieur, fragiliser le développement corporel et mental, susciter l'agitation permanente ou la violence, mais surtout aboutir à cette incommunicabilité de l'être qu'on appelle l'autisme. On se rétracte, on se ferme, on s'éteint ou l'on va mettre le feu, c'est selon. Mais c'est selon la mort ou l'asphyxie natales qui constituent un premier niveau de la psychopathologie. Néanmoins, ces affections ne sont pas définitives pour peu qu'on sache les prendre à temps et apporter le soutien nécessaire à la possibilité maternelle natalisante. Il faut savoir sauver la naissance, ce qui est la raison d'être de cette obstétrique mentale qu'est la maternologie.

Mais il y a une deuxième condition à la possibilité de la vie. Elle se situe à la jonction des systèmes logiciels. Là peuvent intervenir d'étranges contradictions qui mettent à mal aussi bien le fondement de l'être que ses possibilités de perception, d'expression ou d'action dans le monde. Ce sont comme des nœuds qu'on ne saurait trancher, des contradictions qui ne peuvent se résoudre, des défis à la rationalité la plus élémentaire. Car, aux structures et à leur genèse, vient s'ajouter le problème des liens. Ce que nous sommes et devenons, nous le devons à ceux qui interviennent sur l'installation des logiciels et, pour ainsi dire, assurent leur possibilité et leur entretien. Alors, c'est l'entretien des hommes qui peut être défaillant.

Cet entretien est dialogue, comme il est genèse et maintenance. Nous sommes entre nous avec nos propres défaillances et celles-ci se répercutent sur les enfants qui naissent et se développent. Des liens inexplicables, créant des situations inextricables, peuvent s'ensuivre. L'homme apporte ses propres confusions dans l'organisation des logiciels anthropologiques. Pour empêcher ou résoudre ces difficultés, la raison fantasmatique et les mythes qu'elle engendre – synthèses qui outrepassent la distinction binaire – peuvent donner à rêver au-delà de la réalité. L'imaginaire est alors une forme supérieure de la rationalité et s'il est partagé, institutionnalisé même, il permet un plus juste rapport des hommes entre eux ou du moins il s'en rapproche. Il faut alors une ferme entente, telle que la parole reconnue puisse outrepasser ce que récuse la logique binaire. Dire est l'acte susceptible de franchir les contradictions binaires, de trancher dans les liens aliénants. Le mouvement syntaxique est aussi un acte qui témoigne de la capacité imaginaire de l'être.

Mais tout n'est pas *dit*. Il y a les *affections* ; elles lient par-delà toute logique, elles plongent leurs racines dans les premières appartenances, celles-là mêmes qui ont présidé à la naissance ou qui l'ont invalidée en partie. La souplesse, le glissement harmonieux entre l'ontologique et le syntaxique sont alors plus facilement entravés par une influence excessive du binaire dont les modalités contribuent à ajuster les processus de défense. On appelle cela *névrose* quand les liens exigent des conduites de détournement ou de conjuration et il s'agira de *psychose* si le système ne tient pas, si le binaire lui-même s'effondre en raison d'un manque d'assise ontologique. Alors, la faillite atteint la structure logicielle et la morcelle jusqu'à pouvoir la faire éclater.

Il peut donc y avoir de la folie dans les logiciels. Folie primaire, déjà mentionnée, quand manque la transposition nécessaire à l'accomplissement du passage natal ; folie secondaire quand elle affecte la connexion entre notre structure acquise et les implications inhérentes à la vie dans le monde. La métaphore logicielle s'avère ainsi féconde dans les deux cas, aussi bien pour comprendre l'impossibilité de la genèse de la vie natale que les ratés de la raison. Ces divers types de handicaps ne nous viennent pas des choses mais de ce qui s'infiltre en nous jusqu'à dérégler la succession et l'emboîtement de structures qui devraient être et peuvent être spontanément compatibles. Le soin psychique doit tenir compte des modalités de cette psychogenèse ; il doit envisager l'origine de la folie non comme une tare personnelle, mais essentiellement comme une défaillance dans l'entretien des hommes.

## 3. *LA PLÉNITUDE DE L'ÂME*

*L*'HOMME VIENT AU MONDE avec un capital de plénitude. Celui-ci, immédiatement exposé aux vicissitudes de l'environnement, est mis en danger mais peut être préservé si la permanence de la totalité est sauvée, si dès le départ elle est assurée par le cycle du don.

### *L'ÉNERGIE PSYCHIQUE*

Au-delà de la vie prénatale, la plénitude doit en effet être continuellement maintenue, ravivée, confortée ; elle est nécessaire à la pulsion de vie. C'est un flux et un reflux qui ouvre le regard, anime les sens et rend opérante une intense faculté de perception et de compréhension en raison de quoi l'on s'élance dans le monde. Alors, l'inscription neuronale originelle n'est pas vaine, elle soutient une énergie qui n'est plus seulement celle d'un organisme mais l'effet humain d'une organisation psychique.

La plénitude a un devenir. Présence jaillissante dans les yeux des enfants, elle peut aussi bien s'étioler que se renforcer. Tout va dépendre du dialogue. De quoi parlons-nous entre nous, de quoi est-il question ? Est-ce du monde qui n'est pas le nôtre, au point de le laisser impunément nous imposer sa cruelle réalité binaire ? Monde alors construit par des valeurs contrefaites et des contraintes aussi bien matérielles qu'affectives ? C'est *le travail du négatif*. On le constate dans les manifestations périodiques de la dépression ; le tonus vital s'effondre. Mais, au fil des ans, l'usure émotionnelle, la désillusion par rapport à ce qui n'est en aucun cas une fiction mais une réalité – que nous avons à faire être –, la lassitude envahissante qui résulte de l'amenuisement ontologique, tout cela finit par corroder le capital neuronal issu de la vie prénatale et de son redoublement lors de la naissance psychique. Progressivement, les éléments de la constitution intérieure sont invalidés. Rongés, rouillés, mis hors d'usage, on aura beau jeu d'observer à la loupe des techniques de pointe un délabrement cortical qui pourra faire croire qu'il s'agit de démence. En fait, la confiance de vivre est entamée et l'on commence à mourir avant d'être mort. L'image de la mort concrétise l'usure de la plénitude. Dès lors, on meurt de se voir mourir.

Il faut cependant faire remarquer qu'ici intervient la différence des genres. On n'est pas femme ou homme en raison de la nature du sexe. Ce destin est plus complexe. Pour le comprendre, on se reportera au fait que l'inconscient ignore non seulement la négation ou le temps, mais aussi la mort. « Rien de pulsionnel en nous ne favorise la croyance en la mort », dit Freud en 1915, ajoutant que « notre inconscient est inaccessible à la représentation de notre propre mort. » Cela est vrai pour la femme comme pour l'homme, cependant la petite fille constate qu'elle relève d'un genre qui peut donner la vie. Par conséquent, l'évidence de la mort qui s'impose au moi n'a pas pour elle la même puissance que pour le petit garçon. L'orientation de l'inconscient qui ignore la mort se trouve en principe confirmée chez elle par sa constitution biologique. La féminité tient sans doute à cette assurance qui se traduira en partie par la capacité de la maternité, tandis que l'homme, comme le note Freud, se projettera dans l'héroïsme pour contrer la mort, en s'y adonnant d'ailleurs. Quoi qu'on dise, il y a donc bien deux genres chez l'être humain et ils semblent relever essentiellement de la manière dont les dispositions anatomiques, eu égard à la capacité de porter la vie, confirment ou non l'aveuglement inconscient par rapport à la mort.

Il n'empêche que le don et lui seul, tout au long

de l'existence et jusqu'à sa fin, entretient la totalité : le don est vraiment *l'entretien des hommes*. Il fait subsister entre eux ce qui n'est rien d'une chose, mais la tonalité vitale qui doit être constamment assurée. Les hommes ont à *faire* leur vie. Il suffit pour cela qu'ils s'accordent sur la possibilité native de préserver la plénitude de l'*âme*. Ne craignons pas ce mot désuet. Il a beaucoup servi, à tort et à raison, mais on ne savait pas à quoi en rattacher le sens. On l'exportait dans des entités qui soutenaient l'espérance en même temps qu'elles suscitaient autant de contraintes que de méprises. Peut-être faut-il maintenant rapatrier l'âme et faire que cet impensable, toujours énoncé au cours des siècles, puisse être considéré en fonction de la mise en jeu de simples structures neurologiques sans pour cela rien perdre de son importance. Alors, même quand la mort imposera sa réalité, elle pourra paraître comme un don, car tout se passe comme si le profond de soi était reconduit à la totalité dont l'inconscient n'a jamais douté parce qu'il en est structuré.

Sinon, égrenée à contresens, aliénée à ce qu'elle n'est pas, la vie humaine se change en barbarie. On aura perdu la transparence et la veille du regard. Il faut être éveillé. Il faut rester dans l'attente de l'être. La totalité n'existe pas seulement par le don, mais aussi parce qu'on l'attend ; on l'a dit, elle est intentionnalité. Cette intentionnalité, on peut aussi l'avoir pour nous-même, elle soutient notre propre éveil. L'énergie de l'âme maintient éveillé.

## LE DIFFÉRENTIEL DE CONSCIENCE

On fera remarquer que l'on débouche là sur le problème de la conscience dont il n'a toujours pas été question, le problème de l'âme nous ayant occupés exclusivement. Mais, justement, la compréhension de la conscience s'en déduit. Il sera toujours vain d'en rechercher une explication dans l'activité neuronale elle-même, prise isolément ou recherchée dans le fonctionnement de tel ou tel centre nerveux. On peut bien constater des concordances d'activités de perception ou de conscience avec un agglomérat cortical et les mettre en évidence, notamment par les techniques de magnéto-encéphalographie, mais observer une concordance n'est pas suffisant ; un parallélisme n'est pas une explication. Les études neurologiques les plus fines tournent ainsi autour du phénomène de la conscience sans pouvoir y pénétrer. Pourtant Sartre avait noté, dans *L'être et le néant*, que « l'être de la conscience, en tant que conscience, c'est d'exister à distance de soi comme présence à soi. » Toute la question est là.

Apparemment, on a affaire à un paradoxe. La structure neurontologique se caractérise par l'homogénéité de l'information qu'elle comporte mais celle-ci constitue à présent un facteur d'hétérogénéité. En effet, la totalité introduit dans le cortex une dimension univoque qui est distincte de l'ensemble de l'organisation générale génétiquement programmée. Il y a maintenant une *différence* dans le cerveau : d'une part, le noyau de totalité provenant de l'expérience prénatale et, d'autre part, ce que Heidegger appelle une « entièreté au sens fonctionnel », laquelle est constituée par les multiples mécanismes d'organisation biologique connectés entre eux et interdépendants. Il en résulte que l'être humain venu au monde ne se résume pas à une existence de type animal simplement posée là et agie par ses besoins biologiques ; elle devient, en même temps, une existence *éloignée* de soi du fait qu'elle n'est plus, comme pendant la vie prénatale, immergée en soi, pas plus qu'elle n'est seulement, comme dans la vie animale, accaparée par son comportement dans le monde. Chez l'homme, ce qui paraît dans l'environnement ou dans l'agitation des sentiments intérieurs est généralement perçu ou ressenti à travers une *distance* qui est celle de la *totalité* par rapport à l'*entièreté*, autrement dit celle de l'âme par rapport à l'objet ou la sensation.

De cela on est conscience : la conscience provient de ce recul et, plus exactement, de la différence entre la totalité présente et la chose qui se présente. La conscience vient après l'âme, et à cause d'elle, dans le contraste inhérent à l'éprouvé simultané de deux ordres de données. C'est précisément sur la base de la totalité à quoi l'âme s'attend qu'il y aura conscience de quelque chose. L'attente se sature de l'étant qui est. Cet étant devient rapidement nécessaire pour que la distance n'apparaisse pas en elle-même ; telle quelle, elle serait alors éprouvée comme *angoisse*. L'angoisse est le sentiment cruel de la distance à l'état brut où la conscience se réduit à son ouverture sur un vide insupportable. L'angoisse est l'asphyxie par le vide. Mais, quoiqu'on observe, conscience d'objet ou conscience en mal d'objet, le mécanisme est le même : la conscience, identifiée – du moins le croit-on – dans tel ou tel état d'éveil neuronal, est l'effet d'un *différentiel*, d'un écart entre deux entités opposées. De même qu'une différence de potentiel produit un courant électrique, de même la différence de la totalité par rapport à ce qui ne l'est pas, ou n'est rien du tout, produit un *courant de conscience*.

Si, comme le souligne la phénoménologie, « la conscience est toujours conscience de quelque chose », cela tient au fait qu'elle n'est pas alors conscience de l'être de la totalité. Dès qu'elle le devient, par exemple lorsque la totalité est échangée et faite existée entre deux individus, *un autre type de conscience* se manifeste : celle que l'on a souvent identifiée comme extase et que l'on recherche aussi bien dans l'amour, l'union mystique, la perception analogique ou la drogue. L'extension de la totalité à l'ensemble du système neural provoque ce repos de la conscience parfaitement sensible et par lequel il apparaît que nous relevons en fait d'une autre dimension que celle de la simple existence dans le monde. Nous voilà revenus à la plénitude de l'âme à laquelle contribue l'entretien de l'homme s'il fait que la conscience des choses ne l'emporte pas sur le mode spécifique de conscience inhérent au vécu de la totalité. Il n'y a plus alors de distance immiscée ou instaurée entre soi et soi ni entre soi et l'environnement, et cela seul peut être considéré comme le *bonheur*.

L'homme tourne dans le cercle de la conscience quotidienne, qui l'occupe ou le détruit, mais qui n'a de cesse de retrouver une autre forme de conscience. C'est ainsi que nous attendons le bonheur, c'est-à-dire un évanouissement de la conscience d'objet – présent ou manquant –, dans un retour à la plénitude d'une conscience plus fondamentale. Nous sommes là, entre nous, et cela va de *soi*. Il y a l'évidence des choses, leur apparaître, et cela va aussi de soi. Il n'y a d'autre réalité que cette multiple présence, cette *correspondance*, cette raison participative par quoi nous sommes activité de l'âme. Mais, répétons-le, tout dépend de ce que l'entretien des hommes permet. Est-ce qu'il nous tire du côté du monde au point de nous y inclure jusqu'à nous engluer, ou est-ce qu'il préserve la possibilité de la totalité ? La question est particulièrement cruciale au niveau de la naissance psychique et de la conformation logicielle nécessaire qui permet l'acclimatation de l'âme au monde. C'est déjà là qu'il faut être attentif. Mais c'est toujours qu'il faut veiller. La conscience n'est pas seulement un outil pour le travail dans le monde ; elle est plus essentiellement la position d'éveil à la réalité de la totalité.

## 4. SITUATION DE L'HOMME

Au TERME de cette étude, il est possible de dégager une vue d'ensemble de la nature et des modalités de la constitution de l'homme ainsi que de sa situation comprise dans le cadre général de l'évolution des espèces. Cet aperçu, qui se veut récapitulatif, sera méthodique et succinct.

I. Nous provenons de la matière. Sans connaître précisément ce qui en a déclenché l'organisation vitale, on sait comment ses éléments fondamentaux s'agencent en une double hélice où certains composés chimiques de base interviennent selon des séquences diverses. Cette structure générale se divise et se duplique. Ainsi est assurée la reproduction des organismes et des programmes qui les spécifient, en même temps que se produisent les combinaisons qui sont à l'origine de la diversité des espèces et des individus. Dans ce cadre, la sélection naturelle, quelle que soit la manière dont on la considère, opère indirectement un tri qui valide les espèces susceptibles d'être adaptées à une niche écologique.

II. Chez l'homme, cette assise génétique est aussi présente et s'inscrit dans l'ensemble évolutif général. Mais la question de l'identité de l'homme n'est pas résolue pour autant, surtout depuis la découverte récente que l'écart entre nos gènes et ceux du chimpanzé se limiterait à 0,6 %. Ce fait conduit à considérer (Morris Goodman) que les humains seraient des chimpanzés « légèrement remodelés ». Dès lors, certains chercheurs ont récemment proposé d'identifier un vaste genre *Homo* où l'homme figurerait aux côtés des mammifères qui lui sont les plus proches.

Mais il faudrait aussi considérer le saut évolutif considérable qui s'est effectué de manière discrète chez l'homme et sur la base d'une modification neurale apparemment anodine. Il s'agit d'une forte excroissance de territoires corticaux non programmés. Leur importance n'est généralement reconnue que secondairement, sous l'appellation d'aires associatives dont on considère qu'elles ne sont majoritairement mises en œuvre que lors des expériences postnatales. Cependant, il n'y a pas de raison que ces neurones, dont la maturation est tout aussi précoce que les autres, ne soient pas capables d'enregistrer les données du milieu prénatal. Dès lors, les choses s'enchaînent.

Pendant la gestation intra-utérine propre aux mammifères, la nature même de la vie, homogène et constante en ce lieu et à ce moment, a pu en effet trouver naturellement et spontanément à se reproduire en étant retranscrite chez l'individu qui dispose suffisamment d'une telle matière neuronale vierge. Ce processus épigénétique prénatal informerait un grand nombre de régions cellulaires jusqu'à les assembler de manière fonctionnelle dans un ensemble inédit qui recueille l'essence de la vie en tant qu'elle est une totalité. Il en résulterait une nouvelle orientation de l'être sous la forme d'une structure de type neurontologique.

Cette émergence s'impose à nos déterminations génétiques animales préalables. Celles-ci ne prévoyaient que la gestion de l'organisme et son adaptation à une niche écologique donnée. Désormais, une autre direction vitale est ouverte au point que l'animal ainsi redéterminé se change en ce que nous appelons l'*homme*.

III. Mais l'homme est sans moyens naturels pour être cette totalité qui le redéfinit ou pour vivre selon elle, d'autant que la totalité ne peut exister à la manière d'une chose ni être trouvée comme élément naturel dans l'environnement. Même la satisfaction des besoins organiques, y compris le plaisir lié à la sexualité, n'apportent qu'un retour transitoire et partiel à l'homogénéité corporelle ; leur investissement libidinal, sauf à être totalisé de manière régressive souvent dangereuse, ne peuvent être la solution cherchée : sans effet natal durable, ils se limitent tout au plus à un appoint ou un étayage de la totalité réelle. Par conséquent, l'homme apparaît initialement comme une espèce létale qui aurait dû être éliminée par la sélection naturelle.

Cependant la totalité – qui n'existe pas en soi, qui n'a ni forme ni matière concrètes – est comme en dépôt, plus exactement en puissance, dans la structure neuronale humaine. Ce sont donc les rapports des hommes entre eux qui sont susceptibles de la faire exister jusqu'à l'extérioriser et rendre manifeste sa permanence. Ainsi la totalité est rétablie à partir du moment où elle est partagée comme vécu, comme idée ou comme acte.

On comprend dès lors les raisons de la résistance de l'homme à la sélection naturelle qui aurait dû l'emporter.

La possibilité de survivre et de se développer vont d'abord dépendre du sens donné à la naissance humaine. C'est un état et un moment risqués, car les modalités et le métabolisme de la totalité – que l'on peut considérer comme relevant d'un logiciel de base – doivent évoluer pour que l'enfant devienne capable de percevoir et d'éprouver autour de lui une analogie de la totalité qui l'a constitué et qui est devenue son être spécifique.

Alors, la totalité originelle ayant une suite sensible, l'enfant peut affronter positivement la matérialité binaire et l'intégrer en l'agençant selon sa disposition ontologique. Cela aboutit, par étapes, à une adaptation natale qui reposera sur l'acquisition d'une capacité syntaxique appropriée pour appréhender le monde et qui s'exprimera dans la parole.

Ces prémisses étant acquis, tout dépendra ensuite de la manière dont l'être humain ne tiendra plus seulement à la seule organisation naturelle de la vie, mais à ce que l'organisation des hommes entre eux aura préservé de l'existence possible de la totalité.

Au total, une triple épigenèse, prénatale d'abord et ensuite doublement postnatale, constitue les étapes logicielles par quoi se fait l'âme de l'homme. Il en résulte une organisation différentielle de la conscience susceptible de maintenir l'éveil par rapport au phénomène vital humain de la totalité.

# Conclusion

L'HOMME N'EST PAS INCOMPRÉHENSIBLE ; ni lui,
ni sa douleur, ni son besoin de bonheur. Le mal
de tête n'est pas irrémédiable. Il n'est pas dû, non
plus, à quelques ensembles de pulsions inconscientes qui seraient la cause de déviations qu'il
faudrait corriger ou maîtriser. Le mal n'est pas
originellement en nous, nous ne sommes pas fau-
tifs de manière innée ; le mal vient seulement de
ce que nous ignorons gravement la réalité qui
nous structure, ce qui fausse le sens et par là même

le devenir de nos existences. Bien plus, nous nous retournons contre nous et, même en croyant bien faire, nous nous persécutons.

Pour comprendre, nous comprendre, il faudrait humblement recueillir l'héritage neurologique qui longtemps s'est exprimé intuitivement en nous faisant inventer les dieux et nous réclamer d'eux. Mais c'était sans savoir qu'il s'agissait de nous, au point que cette ignorance a contribué à retarder, si ce n'est à nous faire manquer, l'institution de notre propre réalité. À cet égard, l'analyse effectuée à partir des fondements neurologiques n'est pas à craindre, elle n'est pas nécessairement réductrice, elle est aussi inductrice. Elle oriente la recherche et ouvre les chemins. Nous envisageant ainsi dès la spéciation prénatale qui nous caractérise, elle démontre notre origine et précise ce qui nous constitue, si toutefois nous acceptons cette charge et cette libération.

Car, c'est de liberté qu'il s'agit. Non pas celle qui est souvent revendiquée pour exister au jour le jour dans une obstination qui confine à la méconnaissance. Ce détournement, apparemment commode pour garantir le droit de tout faire et de tout régenter, enchaîne en fait aux conséquences infinies des actes qui ont pris un mauvais départ.

Quoi qu'on veuille, il existe une réalité anthropologique dont les strates, assimilables pour une part à des agencements logiciels, ne sauraient être négligées. La liberté n'est pas d'ignorer ces données mais de les réfléchir, approfondissant et prolongeant ce qu'elles impliquent. À partir de là, il revient à chacun d'agir selon ce que bon lui semble, à la seule condition de ne pas nuire à ce qu'il est ni à ce que chacun doit avoir les moyens d'être.

Cela est d'autant plus important que nous sommes en train de tourner la page. L'homme réalise aujourd'hui son adaptation au monde par une indexation croissante aux choses, à leur ordonnance et à leur valeur. Les logiciels de l'âme s'apparentent de plus en plus à ceux de la matière. L'homme est sur le point de devenir un produit *fini*, alors qu'il lui faudrait pouvoir garder l'accès à l'âme qui le *définit*.

# TABLE

Achevé d'imprimer en janvier 2005
sur les presses de l'imprimerie Chirat (42540 St-Just-la-Pendue),
pour le compte des éditions
*encre marine*
*Fougères, 42220 La Versanne,*
selon une maquette fournie par leurs soins.
Dépôt légal : janvier 2005 - N°4409
ISBN : 2-909422-86-0

**catalogue disponible sur :**

**http : //www.encre-marine.com**